Die Symbolik der Wassertiere und der sonstigen Tiere

Wal, Delphin, Robbe und Seehund, Otter, Hase, Eichhörnchen und Kröte

… und Ungeheuer

Band 44 der Reihe „Die Götter der Germanen"

Bücher von Harry Eilenstein:

- Astrologie (496 S.)
- Photo-Astrologie (428 S.)
- Horoskop und Seele (120 S.)
- Tarot (104 S.)
- Handbuch für Zauberlehrlinge (408 S.)
- Physik und Magie (184 S.)
- Der Lebenskraftkörper (230 S.)
- Die Chakren (100 S.)
- Meditation (140 S.)
- Reinkarnation (156 S.)
- Drachenfeuer (124 S.)
- Krafttiere – Tiergöttinnen – Tiertänze (112 S.)
- Schwitzhütten (524 S.)
- Totempfähle (440 S.)
- Muttergöttin und Schamanen (168 S.)
- Göbekli Tepe (472 S.)
- Hathor und Re 1: Götter und Mythen im Alten Ägypten (432 S.)
- Hathor und Re 2: Die altägyptische Religion – Ursprünge, Kult und Magie (396 S.)
- Isis (508 S.)
- Die Entwicklung der indogermanischen Religionen (700 S.)
- Wurzeln und Zweige der indogermanischen Religion (224 S.)
- Der Kessel von Gundestrup (220 S.)
- Der Chiemsee-Kessel (76)
- Cernunnos (690 S.)
- Christus (60 S.)
- Odin (300 S.)
- Die Götter der Germanen (Band 1 – 80)
- Dakini (80 S.)
- Kursus der praktischen Kabbala (150 S.)
- Eltern der Erde (450 S.)
- Blüten des Lebensbaumes 1: Die Struktur des kabbalistischen Lebensbaumes (370 S.)
- Blüten des Lebensbaumes 2: Der kabbalistische Lebensbaum als Forschungshilfsmittel (580 S.)
- Blüten des Lebensbaumes 3: Der kabbalistische Lebensbaum als spirituelle Landkarte (520 S.)
- Über die Freude (100 S.)
- Das Geheimnis des inneren Friedens (252 S.)
- Von innerer Fülle zu äußerem Gedeihen (52 S.)
- Das Beziehungsmandala (52 S.)
- Die Symbolik der Krankheiten (76 S.)

- König Athelstan (104 S.)

Kontakt: www.HarryEilenstein.de / Harry.Eilenstein@web.de

Herstellung und Verlag: BoD - Books on Demand, Norderstedt   **ISBN:** 9783744814348

Die Themen der einzelnen Bände der Reihe „Die Götter der Germanen"

1. Die Entwicklung der germanischen Religion	43. Die Symbolik der Raubtiere
2. Lexikon der germanischen Religion	44. Die Symbolik der Wassertiere und sonstigen Tiere
3. Der ursprüngliche Göttervater Tyr	45. Die Symbolik der Pflanzen
4. Tyr in der Unterwelt: der Schmied Wieland	46. Die Symbolik der Farben
5. Tyr in der Unterwelt: der Riesenkönig Teil 1	47. Die Symbolik der Zahlen
6. Tyr in der Unterwelt: der Riesenkönig Teil 2	48. Die Symbolik von Sonne, Mond und Sternen
7. Tyr in der Unterwelt: der Zwergenkönig	49. Das Jenseits
8. Der Himmelswächter Heimdall	50. Seelenvogel, Utiseta und Einweihung
9. Der Sommergott Baldur	51. Wiederzeugung und Wiedergeburt
10. Der Meeresgott: Ägir, Hler und Njörd	52. Elemente der Kosmologie
11. Der Eibengott Ullr	53. Der Weltenbaum
12. Die Zwillingsgötter Alcis	54. Die Symbolik der Himmelsrichtungen und der Jahreszeiten
13. Der neue Göttervater Odin Teil 1	55. Mythologische Motive
14. Der neue Göttervater Odin Teil 2	
15. Der Fruchtbarkeitsgott Freyr	56. Der Tempel
16. Der Chaos-Gott Loki	57. Die Einrichtung des Tempels
17. Der Donnergott Thor	58. Priesterin – Seherin – Zauberin – Hexe
18. Der Priestergott Hönir	59. Priester – Seher – Zauberer
19. Die Göttersöhne	60. Rituelle Kleidung und Schmuck
20. Die unbekannteren Götter	61. Skalden und Skaldinnen
21. Die Göttermutter Frigg	62 Kriegerinnen und Ekstase-Krieger
22. Die Liebesgöttin: Freya und Menglöd	
23. Die Erdgöttinnen	63. Die Symbolik der Körperteile
24. Die Korngöttin Sif	64. Magie und Ritual
25. Die Apfel-Göttin Idun	65. Gestaltwandlungen
26. Die Hügelgrab-Jenseitsgöttin Hel	66. Magische Waffen
27. Die Meeres-Jenseitsgöttin Ran	67. Magische Werkzeuge und Gegenstände
28. Die unbekannteren Jenseitsgöttinnen	68. Zaubersprüche
29. Die unbekannteren Göttinnen	69. Göttermet
30. Die Nornen	70. Zaubertränke
31. Die Walküren	71. Träume, Omen und Orakel
32. Die Zwerge	72. Runen
33. Der Urriese Ymir	73. Sozial-religiöse Rituale
34. Die Riesen	
35. Die Riesinnen	74. Weisheiten und Sprichworte
36. Mythologische Wesen	75. Kenningar
37. Mythologische Priester und Priesterinnen	76. Rätsel
38. Sigurd/Siegfried	
39. Helden und Göttersöhne	77. Die vollständige Edda des Snorri Sturluson
	78. Frühe Skaldenlieder
40. Die Symbolik der Vögel und Insekten	79. Mythologische Sagas
41. Die Symbolik der Schlangen, Drachen und Ungeheuer	80. Hymnen an die germanischen Götter
42. Die Symbolik der Herdentiere	

Inhaltsverzeichnis

I Fische   **10**

  1. Der Lachs   10
    a) Ägirs Trinkgelage   *10*
    b) Gylfis Vision   *10*
    c) Das andere Lied über Sigurd Fafnir-Töter   *12*
    d) Völsungen-Saga   *13*
    e) Skaldskaparmal   *14*
    f) Grimnir-Lied   *14*
    g) Personennamen   *15*
    h) Ortsnamen   *15*
    i) Der Lachs in der indogermanischen Überlieferung   *15*
    j) Zusammenfassung   *16*

  2. Die Forelle   17
    a) Ortsnamen   *17*
    b) Die Saga über Ketil Forelle   *17*
    c) Zusammenfassung   *18*

  3. Der Hecht   19
    a) Völsungen-Saga   *19*
    b) Das andere Lied über Sigurd Fafnir-Töter   *19*
    c) Skaldskaparmal   *20*
    d) Zusammenfassung   *20*

  4. Fische allgemein   21
    a) Die beiden Goldhörner von Gallehus   *21*
    b) Gylfis Vision   *22*
    c) Das Amulett von Lindholmen   *22*
    d) Gisla-Saga / Saga über die Fost-Brüder   *24*
    e) Grettir-Saga   *24*
    f) Die Saga über Hervor und König Heidrek den Weisen   *24*
    g) Ortsnamen   *25*
    h) Jakob Grimm: Deutsche Mythologie   *25*
    i) Kenningar   *26*
    j) Fische in der indogermanischen Überlieferung   *29*
    k) Zusammenfassung   *29*

II Meeressäugetiere   **30**

  5. Der Delphin   30
    a) *Gesta danorum*   *30*
    b) *Der Delphin in der indogermanischen Überlieferung*   *33*
    c) *Zusammenfassung*   *34*

  6. Der Wal   35
    a) *Fridthjof der Kühne*   *35*
    b) *Die Saga über Ketil Forelle*   *45*
    c) *Die jüngere Version der Huldar-Saga*   *46*
    d) *Die Saga über Olaf Tryggvason*   *46*
    e) *Hymir-Lied*   *48*
    f) *Skaldskaparmal*   *48*
    g) *Die Saga über Ketil Forelle*   *49*
    h) *Egil-Saga*   *50*
    i) *Runenkästchen von Auzon*   *51*
    j) *Bruchstücke einer Saga über einige frühe Könige*   *52*
    k) *Die Saga über Hovard von den Eisfjord-Leuten*   *53*
    l) *Grettir-Saga*   *54*
    m) *Die Saga über Grim Struppig-Wange*   *55*
    n) *Saga über die Fost-Brüder*   *55*
    o) *Die Saga über Hovard von den Eisfjord-Leuten*   *56*
    p) *Die Saga über Hovard von den Eisfjord-Leuten*   *56*
    q) *Kenningar*   *57*
    r) *Ortsnamen*   *60*
    s) *„Urka“*   *61*
    t) *Wal-Mythen bei den Indogermanen*   *61*
    u) *Wal-Mythen anderer Völker*   *62*
    v) *Zusammenfassung*   *63*

  7. Der Seehund   64
    a) *Neunkräuter-Zauberspruch*   *64*
    b) *Die Saga über Thorsteinn Hausmacht*   *64*
    c) *Die Saga über die Siedler von Eyre*   *68*
    d) *Personennamen*   *69*
    e) *Saga über Ketil Forelle*   *70*
    f) *Saga über König Sverri*   *70*
    g) *Nials-Saga*   *71*
    h) *Ortsnamen*   *71*
    i) *Der Seehund in der indogermanischen Überlieferung*   *71*
    j) *Zusammenfassung*   *72*

8. Die Robbe   73
    a) „Urka"   73
    b) Skaldskaparmal   73
    c) Robben in der indogermanischen Überlieferung   74
    d) Zusammenfassung   74

9. Die Seekuh   75
    a) Gesta danorum   75
    b) Zusammenfassung   76

10. Das Walroß   77
    a) Der Name „Walroß"   77
    b) Cormac-Saga   77
    c) Die Saga über Halfdan Eysteinn-Sohn   77
    d) Die Saga über Erik den Roten   78
    e) Die Saga über Hallfredr Ärger-Skalde   78
    f) Zusammenfassung   78

III   Wasserliebende Landsäugetiere   **79**

11. Der Otter   79
    a) Skaldskaparmal   79
    b) Das andere Lied über Sigurd Fafnir-Töter   82
    c) Völsungen-Saga   85
    d) Das Kreuz von Maughold   88
    e) Hyndla-Lied   91
    f) Die Saga über Thorstein Haus-Macht   96
    g) Morkinskinna   96
    h) Kenningar   97
    i) Der Otter in der indogermansichen Überlieferung   97
    j) Otter-Mythen in Asien   100
    k) Otter-Mythen bei den Indianern   101
    l) Zusammenfassung   104

12. Der Biber   107
    a) Chronicon lethrense   107
    b) Männernamen   108
    c) Der Biber bei den Indianern   108
    d) Zusammenfassung   109

13. Zusammenfassung: Wassertiere bei den Germanen   110

IV Sonstige Landsäugetiere   **114**

14. Der Affe   114
 a) *Hymir-Lied*   *114*
 b) *Zusammenfassung*   *114*

15. Der Hase   115
 a) *Sprichworte*   *115*
 b) *Der Hase bei den Kelten*   *115*
 c) *Der Hase bei den Indianern*   *116*
 d) *Zusammenfassung*   *116*

16. Der Igel   117
 a) *Der Name „Igel"*   *117*
 b) *Personennamen*   *117*
 c) *Zusammenfassung*   *117*

17. Das Eichhörnchen   118
 a) *Der Name „Ratatoskr"*   *118*
 b) *Gylfis Vision*   *118*
 c) *Grimnir-Lied*   *118*
 d) *Ekerken-Hausgeist*   *119*
 e) *Havamal*   *119*
 f) *Kundalini*   *119*
 g) *Das Eichhörnchen in der Kalevala*   *120*
 h) *Zusammenfassung*   *121*

18. Die Maus   122
 a) *Redewendungen*   *122*
 b) *Zusammenfassung*   *122*

V Sonstige reale Tiere   **124**

19. Die Kröte   124
 a) *Redewendung*   *124*
 b) *Gebrüder Grimm: „Der Krötenstuhl"*   *124*
 c) *Zusammenfassung*   *125*

20. Die Schnecke   126
 a) *Indiculus superstitionum et paganiarum*   *126*
 b) *Gauti-Saga*   *126*
 c) *Zusammenfassung*   *127*

VI Unspezifische Tiere 128

21. Unspezifische Tiere 129
  a) *Gudrun-Lied* *128*
  b) *Zusammenfassung* *129*

VII Mythologische Tiere 130

22. Sprechende Tiere 130
  a) *Sprechende Tiere in der germanischen Überlieferung* *130*
  b) *Sprechende Tiere in den Mythen anderer Völker* *131*
  c) *Zusammenfassung* *131*

23. Ungeheuer 132

  A Schlangen-Ungeheuer 132
    a) *Schlangen und Drachen* *132*

  B Vogel-Ungeheuer 132
    b) *Großes Goldhorn von Gallehus* *132*
    c) *Die Saga über Bosi und Herraud* *133*
    d) *Gafi* *133*

  C Pferde-Ungeheuer 133
    e) *Nykr* *133*
    f) *Kleines Goldhorn von Gallehus* *134*
    g) *Wandteppich von Bayeux* *134*
    h) *Die Saga über Pfeile-Odd* *134*
    i) *Geschichte über Styrbjarnar* *135*
    j) *Garel von Blumenthal* *136*

  D Meeres-Ungeheuer 138
    k) *Pfeile-Odd* *138*

  E Jenseits-Ungeheuer 139
    l) *Urka* *139*
    m) *Skrimal* *140*
    n) *Glatunds-hundr* *140*
    o) *Vabeida* *140*
    p) *Forad* *140*
    q) *Hjassi* *141*
    r) *Morkinskinna* *141*
    s) *Zusammenfassung* *142*

VII Götter und ihre Tiere   143

24. Die Tiere der germanischen Götter   143
   a) *Germanen*   *143*
   b) *Zusammenfassung: Germanen*   *146*
   c) *Indogermanen*   *147*
   d) *Zusammenfassung: Indogermanen*   *150*

VIII Krafttiere   152

Themenverzeichnis   153

I Fische

I 1. Der Lachs

1. a) Ägirs Trinkgelage

Der Gott Loki, der sich in allerlei Tiere verwandeln konnte, nahm bei einer Gelegenheit auch die Gestalt eines Lachses an:

Darauf nahm Loki die Gestalt eines Lachses an und entsprang in den Wasserfall Franang.

Da fingen ihn die Asen und banden ihn mit den Gedärmen seines Sohnes Nari. Sein anderer Sohn Narfi aber wurde in einen Wolf verwandelt.

Skadi nahm eine Giftschlange und hing sie auf über Lokis Antlitz. Der Schlange entträufelte Gift.

Sigyn, Lokis Weib, setzte sich neben ihn und hielt eine Schale unter die Gifttropfen. Wenn aber die Schale voll war, trug sie das Gift hinweg: unterdessen träufelte das Gift in Lokis Angesicht, wobei er sich so stark wand, daß die ganze Erde zitterte. Das wird nun Erdbeben genannt.

1. b) Gylfis Vision

Dieselbe Geschichte wird auch in Snorri Sturlusons Zusammenfassung der germanischen Mythen berichtet:

Da sprach Gangleri: „Viel Arges wahrlich hatte Loki zu Wege gebracht, da er erst verursachte, daß Baldur erschlagen wurde, und dann schuld war, daß er nicht erlöst ward aus Hels Gewalt. Aber wurde das nicht irgendwie an ihm geahnt? "

Har antwortete: „Es ward ihm so vergolten, daß er lange daran denken wird. Als die Götter so wider ihn aufgebracht waren, wie man erwarten mag, lief er fort und barg sich in einem Berge. Da machte er sich ein Haus mit vier Türen, daß er aus dem Hause nach allen Seiten sehen konnte. Oft am Tag verwandelte er sich in Lachs-

gestalt und barg sich in dem Wasserfall, der Franang hieß, und bedachte bei sich, welches Kunststück die Asen wohl erfinden könnten, ihn in dem Wasserfall zu fangen.

Und einst, als er daheim saß, nahm er Flachsgarn und verflocht es zu Maschen, wie man seitdem Netze macht. Dabei brannte Feuer vor ihm. Da sah er, daß die Asen nicht weit von ihm waren, denn Odin hatte von Hlidskialfs Höhe seinen Aufenthalt erspäht.

Da sprang er schnell auf und hinaus ins Wasser, nachdem er das Netz ins Feuer geworfen hatte. Und als die Asen zu dem Haus kamen, da ging er zuerst hinein, der von allen der Weiseste war und Kwasir hieß, und als er im Feuer die Asche sah, wo das Netz gebrannt hatte, da merkte er, daß dies ein Mittel sein sollte, Fische zu fangen, und sagte das den Asen.

Da fingen sie an und machten ein Netz jenem nach, das Loki gemacht hatte, wie sie in der Asche sahen. Und als das Netz fertig war, gingen sie zu dem Fluß und warfen das Netz in den Wasserfall.

Thor hielt das eine Ende, das andere die übrigen Asen, und nun zogen sie das Netz. Aber Loki schwamm voran und legte sich am Boden zwischen zwei Steine, so daß das Netz über ihn hinweggezogen wurde, doch merkten sie wohl, daß etwas Lebendiges vorhanden sei.

Da gingen sie abermals an den Wasserfall und warfen das Netz aus, nachdem sie etwas so Schweres daran gebunden hatten, daß nichts unten durchschlüpfen mochte. Loki fuhr vor dem Netz her und als er sah, daß es nicht weit von der See sei, da sprang er über das ausgespannte Netz und lief zurück in den Fall.

Nun sahen die Asen, wo er geblieben war: da gingen sie wieder an den Wasserfall und teilten sich in zwei Haufen nach den beiden Ufern des Flusses. Thor aber mitten im Fluß watend folgte ihnen bis an die See. Loki hatte nun die Wahl, entweder mit Lebensgefahr nach der See zu ziehen oder abermals über das Netz zu springen. Er tat das letzte und sprang schnell über das ausgespannte Netz. Thor griff nach ihm und kriegte ihn in der Mitte zu fassen; aber er glitt ihm in der Hand, so daß er ihn erst am Schwanz wieder festhalten konnte. Darum ist der Lachs hinten spitz. Nun war Loki friedlos gefangen.

Sie brachten ihn in eine Höhle und nahmen drei lange Felsenstücke, stellten sie auf die schmale Kante und schlugen ein Loch in jedes.

Dann wurden Lokis Söhne, Wali und Nari oder Narwi, gefangen. Den Wali verwandelten die Asen in Wolfsgestalt: da zerriß er seinen Bruder Narwi. Da nahmen die Asen seine Därme und banden den Loki damit über die drei Felsen: der eine stand ihm unter den Schultern, der andere unter den Lenden, der dritte unter den Kniegelenken; die Bänder aber wurden zu Eisen.

Da nahm Skadi einen Giftwurm und befestigte ihn über ihm, damit das Gift aus dem Wurm ihm ins Antlitz träufelte. Und Sigyn, sein Weib, steht neben ihm und hält ein Becken unter die Gifttropfen. Und wenn die Schale voll ist, da geht sie und gießt das

11

Gift aus; derweil aber tropft ihm das Gift ins Angesicht, wogegen er sich so heftig sträubt, daß die ganze Erde schüttelt, und das ist es, was man Erdbeben nennt.

Dort liegt er in Banden bis zur Götterdämmerung. "

Lokis „Haus im Berg mit vier Türen" ist ein Hügelgrab und am Ende dieser Mythe wird Loki in der Hel gefesselt. Daher wird Loki ursprünglich in der Wasserunterwelt die Gestalt eines Lachses angenommen haben.

Es ist anzunehmen, daß nicht nur der Wintergott Loki während des Sommers, sondern auch der Sommergott Tyr während des Winters in der Unterwelt die Gestalt eines Lachses gehabt hat.

1. c) Das andere Lied über Sigurd Fafnir-Töter

Der folgende Text enthält eine weitere Stelle aus den germanischen Mythen, in der ein Lachs vorkommt.

Da war zu Hialprek Regin gekommen, Hreidmars Sohn. Er war über alle Männer kunstreich, dabei ein Zwerg von Wuchs. Er war weise, grimm und zauberkundig. Regin übernahm Sigurds Erziehung und Unterricht und liebte ihn sehr.

Er erzählte dem Sigurd von seinen Voreltern und den Abenteuern, wie Odin, Hönir und Loki einst zu Andwaris Wasserfall kamen. In diesem Wasserfall war eine Menge Fische. Ein Zwerg, der Andwari hieß, war lange in dem Wasserfall in Hechtsgestalt und fing sich da Speise.

„Otr hieß unser Bruder", sprach Regin, „der fuhr oft in den Wasserfall in Otters Gestalt. Da hatte er einst einen Lachs gefangen und saß am Flußrand und aß blinzelnd. Loki warf ihn mit einem Stein zu Tode. Da dauchten sich die Asen sehr glücklich gewesen zu sein und zogen dem Otter den Balg ab. Denselben Abend suchten sie Herberge bei Hreidmar und zeigten ihm ihre Beute. Da griffen sie sie mit Händen und legten ihnen Lebenslösung auf: sie sollten den Otterbalg mit Gold füllen und außen mit rotem Golde bedecken. Da schickten sie Loki aus, das Gold zu beschaffen. Er kam zu Ran und erhielt ihr Netz und warf das Netz vor den Hecht und er lief in das Netz. "

Da Loki den Otter tötet, wird dieser einst der Sommergott Tyr gewesen sein – in den alten Mythen vor 500 v.Chr. tötete der Wintergott Loki den Sommergott Tyr im Herbst und Tyr tötete den Loki im Frühjahr bzw. fesselte ihn in der Hel.

Der Lachs in der hier angeführten Szene könnte daher eine Erinnerung an Tyr als Lachs sein.

Es fällt auf, daß auch hier ein Netz benutzt wurde – diesmal von Loki. Daher besteht der begründete Anfangsverdacht, daß Loki im Herbst den Tyr als Lachs mit einem Netz fing und Tyr den Loki im Frühjahr in Lachs-Gestalt mit einem Netz fing. Da die Lachse in den Flüssen im Herbst landwärts schwimmen und im Frühjahr seewärts, eignete sich die Lachswanderung gut zur Darstellung des Jahreszeitenzyklus, der vor allem als Kampf zwischen Tyr und Loki aufgefaßt wurde.

In den Texten heißt es, daß Loki als Lachs versucht hat, flußaufwärts zu schwimmen und daß nicht ins Meer wollte, was bedeutet, daß die Gefangennahme des Loki durch die Asen im Herbst stattfindet – obwohl er der Jahreszeitensymbolik zufolge im Frühjahr in die Unterwelt verbannt wird. Es gibt allerdings auch Lachssorten, die im Frühjahr flußaufwärts ziehen – und Überlieferungs- und Übersetzungsfehler sind auch nicht sicher auszuschließen …

1. d) Völsungen-Sage

Hier wird dieselbe Geschichte aus der Sicht des Bruders des Otter erzählt:

„Die Geschichte beginnt,“ sprach Regin: „Hreidmar war meines Vaters Name – ein mächtiger Mann und ein wohlhabender. Sein erstgeborener Sohn wurde Fafnir genannt, sein zweiter Otter, und ich war der dritte und kleinste von allen sowohl an Kühnheit als auch vom Körperbau, aber ich war geschickt in der Arbeit mit Eisen und Silber und Gold, woraus ich Dinge erschaffen konnte, die schon recht ansehnlich waren.

Mein Bruder Otter hatte eine andere Fertigkeit und er hatte auch eine andere Natur, denn er war ein großer Fischer und übertraf darin alle anderen Menschen, daß er am Tage das Aussehen eines Otters hatte und dann in dem Fluß lebte und brachte die Fische mit seinem Maul an das Ufer und brachte dann seine Beute unserem Vater – und das gefiel ihm gut. Die meiste Zeit verbrachte er in seiner Otter-Gestalt und danach kam er heim und aß alleine und schlief, denn das trockene Land bedeutete ihm nicht viel.

Aber Fafnir war bei weitem der stärkste und grimmigste von uns und wollte stets, daß alles nach seinem Willen geschah.

Nun,“ sprach Regin, „gab es einen Zwerg, der Andvari genannt wurde, der immer in der Gestalt eines Hechtes in den Stromschnellen lebte, die Andvari-Stromschnellen genannt werden, und hatte dort genug Fleisch für sich selber, denn in dem Wasserfall lebten viele Fische.

Nun ging Otter wie gewohnt in diese Stromschnellen und bracht Fische an Land und legte sie nebeneinander ans Ufer. Und so kam es, daß Odin, Loki und Hönir, als sie ihres Weges gingen, zu den Andvari-Stromschnellen kamen. Otter hatte gerade einen Lachs gefangen und gegessen und schlummerte nun am Ufer. Da nahm Loki einen Stein und warf ihn auf den Otter, so daß er ihn damit tötete. Die Götter waren mit ihrer Beute sehr zufrieden und begannen dem Otter das Fell abzuziehen."

1. e) Skaldskaparmal

Auch Snorri Sturluson berichtet über dieses Begebenheit:

Es wird erzählt, daß drei der Asen ausführen, die Welt kennenzulernen: Odin, Loki und Hönir. Sie kamen zu einem Fluß und gingen an ihm entlang bis zu einem Wasserfall, und bei dem Wasserfall war ein Otter, der hatte einen Lachs gefangen und aß ihn blinzelnd.

Da hob Loki einen Stein auf und warf nach dem Otter und traf ihn am Kopf. Da rühmte Loki seine Jagd, daß er mit einem Wurf Otter und Lachs erjagt habe.

1. f) Grimnir-Lied

In diesem Lied ist von „Thiodwitnirs Fisch" die Rede:

Donner ertönt, wo Thiodwitnirs
Fisch in der Flut spielt;
Des Stromes Ungestüm dünkt zu stark
Um durch Walglaumir zu waten.

Thiodwitnir = „Volks-Wissen" oder „Volks-Weisheit" oder „der das Volk kennt"
Walglaumir = „Toten-Tosender" = Jenseitsfluß Gjallar („Tosender")

Da sich Loki auf der Flucht vor den Asen, die ihn in der Unterwelt fesseln wollen, in einen Lachs verwandelt hat und auch Tyr in der Unterwelt die Gestalt eines Lachses haben konnte, wird Thiodwitnir der ehemalige Göttervater Tyr als Fisch (Lachs) in den Jenseitswassern sein – der Name „Thiodwitnir" paßt wesentlich besser zu Tyr als zu Loki.

1. g) Personenname

Der einzige bekannte „Lachs-Name" ist *„Hängur"*, was „männlicher Lachs" bedeutet.

1. h) Ortsnamen

Der bekannteste „Lachs-Ortsname" auf Island ist sicherlich das „Lachstal", nach dem die bekannte Sage benannt worden ist.

1. i) Der Lachs in der indogermanischen Überlieferung

Der Lachs findet sich außer bei den Germanen nur noch bei den Kelten. In der Sage über Fionn mac Cumhaill wird über einen Lachs berichtet, der alle Weisheit enthält – er ist das Tier des Sonnengott-Göttervaters Dagda bzw. dieser selber als Lachs in der Wasserunterwelt.

In dieser Sage wird folgendes berichtet:

Als Deimne sieben Jahre alt geworden war, übernahm der Druide und Barde Finnegas seine Unterrichtung in der Dichtkunst und anderen Dingen. Finnegas versuchte den Lachs zu fangen, der einer Prophezeiung zufolge das gesamte Wissen der Welt enthielt. Als ihm dies endlich gelang, ließ er den Lachs von Deimne kochen. Als dieser sich den Finger an dem Lachs verbrannte, steckte er ihn in den Mund, wobei auch ein winziges Stückchen von dem Fleisch des Lachses in seinen Mund geriet, wodurch Deimne allwissend wurde. Daran erkannte Finnegas, daß der Junge eigentlich Fionn, d.h. „der Blonde" war, denn es gab eine Prophezeiung, nach der Finnegas zwar den Lachs fangen, aber Fionn ihn zuerst kosten würden.

In der Sage über Cormac mac Art wird berichtet, daß die Lachse ihre Weisheit von den Nüssen eines Haselstrauches erhalten, die sie fressen:

Neun Haselsträucher wuchsen rings um die Quelle. Die purpurnen Haselsträucher ließen ihre Nüsse in die Quelle fallen und die fünf Lachse, die in der Quelle waren, knackten sie und ließen die Schalen die Ströme hinabtreiben. Der Klang des fallenden und fließenden Wassers dieser Ströme war melodischer als alle Lieder, die die Menschen singen.

Die „9" ist vermutlich wie bei den Germanen die Zahl des Jenseits und die Quelle daher der Jenseitseingang. Die Nüsse sind eine Variante der Nüsse/Äpfel der germanischen Idun. Die Lachse schließlich der keltische Sonnengott-Göttervater Dagda, der dem germanischen Tyr entspricht.

Diese Quelle erscheint in vielen keltischen Mythen und Sagen. Sie werden u.a. „Quelle der Weisheit" genannt, weil sie das Tor zum Jenseits sind und dem Jenseitsreisenden deren Wissen geben.

Túan mac Cairill und Fintan mac Bóchra sowie die beiden Schweinehirten in der Sage „De chopur in da muccia" verwandeln sich vorübergehend in einen Lachs, was die Auffassung des Lachses als der Jenseitsgestalt des Dagda in der Wasserunterwelt bestätigt. Vermutlich wird daher auch der Fisch, in den sich der Druide/Barde Taliesin bei seiner Einweihung verwandelt, ein Lachs gewesen sein.

Der Lachs als das Tier des keltischen Sonnengott-Göttervaters Dagda bestätigt die Deutung des Lachses als einer Gestalt, die bei den Germanen sowohl der Wintergott Loki als auch der ehemalige Sonnengott-Göttervater und Sommergott Tyr in der Unterwelt annehmen.

1. j) Zusammenfassung

Der einzige mythologisch bedeutungsvolle Lachs ist die Lachs-Gestalt des Loki auf seiner Flucht vor den Göttern. Nachdem er von ihnen gefangen worden war, haben die Asen ihn in der Hel gefesselt. Da sie ihn zudem noch mit dem Netz der Ran gefangen haben, wird Lokis Lachsgestalt ein Motiv aus seiner (sommerlichen) Verbannung in die Unterwelt, deren Herrin Hel bzw. Ran ist, sein.

Die „Lachs-Jagd" der Asen auf Loki ist daher vermutlich eine Umdeutung bzw. Ausschmückung des Sieges des Tyr über Loki im Frühjahr. Das Ende der Gefangenschaft des Loki beim Ragnarök ist ursprünglich Lokis Sieg über Tyr gewesen, nachdem der „Fimbul-Winter", also der „mächtige Winter" während Lokis Herrschaft beginnt. Dieser Winter endet, wenn die Asen nach dem Ragnarök zurückkehren, d.h. Wenn sie Loki wieder fangen und fesseln.

So wie Loki in der Wasserunterwelt zum Lachs wird, so wird auch sein Gegenspieler Tyr einst in der Unterwelt zum Lachs geworden sein – zumal sich dieses Motiv auch bei den keltischen Sonnengott-Göttervater Dagda findet.

2. Die Forelle

2. a) Ortsnamen

Forellen sind zwar in einigen Ortsnamen zu finden, aber eine mythologische Bedeutung ist in ihnen nicht erkennbar.

Im Landnahmebuch werden folgende isländische „Forellen-Orte" genannt:

Reydarfell   = Forellen-Wasserfall
Redarhjall   = Forellen-Wasserfall
Reydarfjördr = Forellen-Fjord
Reydarsmuli = Forellen-Landzunge
Reydarvatn   = Forellen-Wasser

Das Bezeichnung „reydar" für „Forelle" bedeutet wörtlich „Rötlicher".

2. b) Die Saga über Ketil Forelle

Es gibt eine Stelle in den Sagas, in denen ein Drache „Forelle" genannt wird. Es ist somit denkbar, daß diese beiden Tiere sich symbolisch entsprachen: Der Drache als Totengeist des ehemaligen Göttervaters Tyr im Erde-/Hügelgrab-Jenseits der Hel und die Forelle als Tyrs Totengeist in der Wasser-Unterwelt der Ran.

Diese Deutung des Beinamens „Forelle" des Ketil wird dadurch gestützt, daß in seiner Saga viele Motive aus den Mythen des ehemaligen Göttervaters Tyr vorkommen.

Am Abend nach Sonnenuntergang nahm Ketil seine Axt in seine Hand und ging nach Norden zu den Inseln. Er war jedoch noch nicht sehr weit hinter die bewohnten Gegenden gegangen, als er einen einzelnen Drachen von den Hügeln im Norden herbeifliegen sah.

Der Norden ist die Richtung, in der das Niflheim-Jenseits, die Jenseitsinsel und daher auch die Hügelgräber („Hügel im Norden") liegen, in denen die Drachen wohnen. Diese Hügelgräber liegen „nicht weit hinter den bewohnten Gegenden".

Er hatte sich schlängelnde Windungen und einen Schwanz wie eine Schlange, aber Flügel wie ein Drache. Aus seinen Augen und aus seinem Maul loderte wütendes Feuer.

Ketil fand, daß er noch nie solch einen Fisch oder ein derartiges Wesen gesehen hatte und daß er sich lieber gegen eine Horde Männer verteidigen als diesem Wesen entgegentreten würde.

Der Drache kam auf ihn zu, aber Ketil verteidigte sich gut und mächtig mit seiner Axt. So ging es eine lange Zeit, bevor Ketil in eine Windung hineinhieb und den Drachen in zwei Teile schlug. Da fiel er tot nieder.

Danach ging Ketil heim und traf seinen Vater draußen im Hof. Hallbjörn grüßte seinen Sohn und frug, ob er irgendwelchen Ärger mit den üblen Geistern gehabt habe, von denen man erzählt, daß sie auf den Inseln im Norden leben.

Ketil sagte: „Ich habe an den Orten, an denen die Fische schwimmen, nichts gesehen, womit ich diese Gerüchte bestätigen könnte, aber es ist wahr, daß ich in der Mitte des Wassers – dort, wo Du kleine Fische fängst – eine Forelle in zwei Teile geschlagen habe."

Hallbjörn sagte: „Eines Tages wirst Du nicht mehr viel davon halten, Dich mit solchen Kleinigkeiten wie dem Fangen kleiner Fische abzugeben. Ich will Dir nun einen Namen geben und Dich Ketil Forelle nennen."

Der Name „Ketil Forelle" ist also eine drastisch-ironische Variante des Namens „Sigurd Drachen-Töter".

2. c) Zusammenfassung

Die „Forelle" wird in der Ketil-Saga als Entsprechung für „Drache" benutzt. Es ist gut denkbar, daß die Forelle ursprünglich als die Wasserunterwelt-Analogie zu der Schlange in dem Erd-Jenseits angesehen worden ist.

Für diese Deutung spricht auch, daß man die Schlangen mit „Land-Fische" u.ä. umschreiben konnte. Entsprechend konnte man die Fische als „Wasser-Schlangen" u.ä. bezeichnen.

Die Forelle ist in symbolischer Hinsicht möglicherweise eine Variante des Lachses als Unterwelt-Gestalt des Tyr und des Loki gewesen.

3. Der Hecht

3. a) Völsungen-Saga

Der Zwerg und Schmied Regin („Herrscher"), der eine Sagen-Umdeutung des ehemaligen Göttervaters Tyr-Wieland ist, berichtet in der Völsungen-Saga dem Sigurd/ Siegfried über den Zwerg Andvari, dem Loki sein Gold und seinen magischen Ring gestohlen hat. Dieser Zwerg lebte Regin zufolge in der Gestalt eines Hechtes in einem Wasserfall.

„Nun," sprach Regin, „lebte ein Zwerg mit dem Namen Andvari dort in diesem Wasserfall, der Andvaris Wasserfall genannt wurde, in der Gestalt eines Hechtes."
... ...
Loki sah all das Gold, das Andwari besaß. Aber als dieser das Gold entrichtet hatte, hielt er einen Ring zurück. Loki nahm ihm auch den hinweg.

Aus der gesamten Symbolik des Anfangs der Geschichte über den magischen Ring des Andvari, der die Ursache der gesamten Nibelungensaga war, und auch aus dem Auftreten der drei Götter Odin, Hönir und Loki kann man auf eine recht alte Mythe schließen.

Das Wasser ist das Jenseits und Andvari ist Tyr in der Wasserunterwelt der Ran. Das wird dadurch bestätigt, daß Andvari in dieser Saga noch den magischen Sonnenring besitzt, der bei Tyrs Absetzung als Göttervater um 500 n.Chr. als Beute an Odin fiel („Draupnir").

3. b) Das andere Lied über Sigurd Fafnir-Töter

Dieselbe Szene findet sich auch in diesem Lied, das vermutlich die älteste erhaltene Quelle dieser Saga ist:

Er (Regin) erzählte dem Sigurd von seinen Voreltern und den Abenteuern, wie Odin, Hönir und Loki einst zu Andwaris Wasserfall kamen. In diesem Wasserfall war eine Menge Fische. Ein Zwerg, der Andwari hieß, war lange in dem Wasserfall in Hechtsgestalt und fing sich da Speise.
„Otr hieß unser Bruder", sprach Regin, „der fuhr oft in den Wasserfall in Otters Gestalt. Da hatte er einst einen Lachs gefangen und saß am Flußrand und aß blinzelnd. Loki warf ihn mit einem Stein zu Tode. Da dauchten sich die Asen sehr glück-

lich gewesen zu sein und zogen dem Otter den Balg ab. Denselben Abend suchten sie Herberge bei Hreidmar und zeigten ihm ihre Beute. Da griffen sie sie mit Händen und legten ihnen Lebenslösung auf: sie sollten den Otterbalg mit Gold füllen und außen mit rotem Golde bedecken. Da schickten sie Loki aus, das Gold zu beschaffen. Er kam zu Ran und erhielt ihr Netz und warf das Netz vor den Hecht und er lief in das Netz.

... ...

Nachdem er dem Loki das Gold gegeben hatte, hatte er nur einen Ring zurückbehalten, aber auch den nahm Loki von ihm. Da schwamm der Zwerg in eine Höhle in den Felsen und schrie, daß der Goldring und, ja, das ganze Gold das Verhängnis eines jeden Mannes sein solle, der es ab dieser Zeit besitzen wird."

3. c) Skaldskaparmal

Auch Snorri Sturluson berichtet über diese Szene:

Da sandte Odin den Loki nach Schwarzalfenheim und er kam zu dem Zwerg, der Andwari hieß und ein Fisch im Wasser war. Loki griff ihn mit den Händen und heischte von ihm zum Lösegeld alles Gold, das er in seinem Felsen hatte. Und als sie in den Felsen kamen, trug der Zwerg alles Gold hervor, das er hatte, und das war ein gar großes Gut.

... ...

Da verbarg der Zwerg unter seiner Hand einen kleinen Goldring: Loki sah es und gebot ihm, den Ring herzugeben. Der Zwerg bat, ihm den Ring nicht abzunehmen, weil er mit dem Ring, wenn er ihn behielte, sein Gold wieder vermehren könne. Aber Loki sagte, er solle nicht einen Pfennig übrig behalten, nahm ihm den Ring und ging hinaus.

3. d) Zusammenfassung

> Der Hecht ist wie der Lachs, der Otter, die Robbe und einige weitere Wassertiere ein Symbol für Tyr (und Loki?) in der Wasser-Unterwelt. Sie entsprechen daher den Schlangen bzw. Drachen in der Erd-Unterwelt.
> Der Hecht als größter Süßwasser-Raubfisch in Skandinavien war ein passendes Bild für den Zwerg Andvari als Göttervater Tyr in der Wasserunterwelt.

4. Fische allgemein

Der Lachs, die Forelle und der Hecht werden in den Texten namentlich genannt und sind gesondert beschrieben worden. Ein großer Teil der Erwähnungen und Darstellungen von Fischen in den Mythen wird jedoch nur unspezifisch als „Fische" bezeichnet. Sie werden in diesem Kapitel betrachtet.

Im Folgenden sind nur die Stellen aufgeführt worden, an denen die dort genannten Fische eine erkennbare mythologische Bedeutung haben.

4. a)   Die beiden Goldhörner von Gallehus

das kleinere Goldhorn von Gallehus   *das größere Goldhorn von Gallehus*

Diese beiden Goldhörner wurden in Gallehus in Dänemark gefunden. Sie sind um 400 n.Chr. hergestellt worden. Auf beiden ist mit einer Vielzahl von Bildern eine Jenseitsreise dargestellt worden.

Die Fische auf den beiden Hörnern illustrieren wie die Wasserlinien in erster Linie, daß sich die dargestellten Szenen in der Wasserunterwelt abspielen.

Eine ausführliche Darstellung dieser Bilder findet sich in dem Kapitel „Die Goldhörner von Gallehus" in Band 57.

4. b) Gylfis Vision

Bei der Herstellung der durch die Zwerge im Jenseits angefertigten magischen Fessel, mit der die Asen den Fenris-Wolf fesseln wollten, wurde auch die „Stimme der Fische" verwendet.

Da schickte Allvater den Jüngling Skirnir, der Freys Diener war, zu einigen Zwergen in Schwarzalfenheim, und ließ das Band Gleipnir verfertigen. Dieses war aus sechserlei Dingen gemacht: aus dem Schall des Katzentritts, dem Bart der Weiber, den Wurzeln der Berge, den Sehnen der Bären, der Stimme der Fische und dem Speichel der Vögel.

Fünf dieser sechs Zutaten sind Dinge, die es nicht gibt. Die „Sehen der Bären" sind als die belastbarsten Sehnen die materielle Grundlage, die damals für eine Fessel bekannt war.

4. c) Das Amulett von Lindholmen

Um ca. 450 n.Chr. ist in Dänemark ein Amulett aus Knochen in der Form eines Mondsichel-förmigen Fisches hergestellt worden, auf dem die folgende Runen-Inschrift angebracht worden ist:

ek erilaz sawilagaz hateka.
aaaaaaaaazzznnnbmuttt. alu.

Die erste Zeile läßt sich leicht übersetzen:

Ich heiße Jarl Sonne.

Die Zahl „8" hat die Bedeutung „vollkommen"; die Zahl „3" hat die Bedeutung „Zyklus, Wiedergeburt". Die Z-Rune „algiz" bedeutet „Hirsch"; die „naudiz"-Rune bedeutet „Not". Das Wort „bmutt" ist unbekannt. „Alu" bedeutet „Zauber, Magie, Weihung".

Daraus ergibt sich für die zweite Zeile:

Vollkommener Ase, wiedergeborener Hirsch, drei Nöte, bmutt. Dies ist magisch wirksam!

Der Besitzer dieses Amuletts hieß „Sonne" und war ein Jarl. Der „vollkommene Ase" ist um 450 n.Chr. der Sonnengott-Göttervater Tyr gewesen. Tyrs Opfertiere sind der Stier und der Hirsch gewesen. Sie wurden ihm geopfert, um seine Wiederzeugung im Jenseits magisch abzusichern (siehe „Wiederzeugung" in Band 51).

Der „zyklische Hirsch" und die „zyklische Not" könnten der zyklische Tod und die anschließende Wiedergeburt des ehemaligen Sonnengott-Göttervaters Tyr sein. Für diese Deutung spricht auch, daß der Fisch ein Symbol für die Seele in der Wasser-unterwelt gewesen ist.

Die magische „Aktivierungs-Formel" „Alu" bedeutet in diesem Zusammenhang, daß der durch die Runen beschriebene Wunsch wirksam wird.

Daraus ergibt sich nun:

Ich heiße Jarl Sonne.
Vollkommener Ase, wiedergeborener Hirsch, drei Nöte, bmutt. Dies ist magisch wirksam!

Etwas weniger „stenographisch" formuliert, würde diese Inschrift dann wie folgt lauten:

Ich heiße Jarl Sonne.
Vollkommener Tyr – Du stirbst und wirst wiedergeboren. bmutt.
So werde auch ich wiedergeboren werden!

Vermutlich ist mit „vollkommener Tyr" an dieser Stelle auch noch der Sieg des Tyr über seine Feinde assoziiert worden.

4. d) Gisla-Saga / Saga über die Fost-Brüder

Der Fisch war auch ein Symbol für etwas, was einem leicht entwischt und was man erst einmal zu fassen bekommen muß. Dazu gab es ein Sprichwort:

„Der Fisch könnte nun anbeißen – dann könnten wir ihn auch an Bord ziehen!"

4. e) Grettir-Saga

Das Folgende ist eine Redewendung, die man benutzte, wenn man sagen wollte, daß man noch Wichtigeres zu tun hatte als das, was da gerade vor sich geht:

„Ich habe noch anderen Fisch zu braten, als ..."

4. f) Die Saga über Hervor und König Heidrek den Weisen

Dieses Rätsel aus der Hervor-Saga beruht auf einer den Isländern geläufigen Natur-Szenerie. Der Fisch scheint jedoch keine mythologische Bedeutung zu haben.

„Wer wohnt in den Bergen?
Wer fällt in tiefe Täler?
Wer lebt ohne Atem?
Wer schweigt niemals?
König Heidrek,
kannst Du's erraten?"

„Gut ist Dein Rätsel,
Gestumblindi,
doch gleich ist es erraten:
Der Rabe lebt stets auf hohen Felsen
und Tau fällt stets in tiefe Täler;
Fische leben ohne Atem
und der brausende Wasserfall schweigt niemals."

4. g) Ortsnamen

Die „Fisch-Ortsnamen" aus dem Landnahme-Buch sind nur Naturbeschreibungen:

Upsar   = Fisch-Platz
Veidilausa   = Keine-Fische

4. h) Jakob Grimm: Deutsche Mythologie

Das im folgenden beschriebene Wetter-Orakel der Esten läßt vermuten, daß es eine Beziehung zwischen den Fischen und dem Jenseits gegeben haben muß. Ob es diese auch bei den Germanen gegeben hat, ist ungewiß.

Die Esten weissagten sich wetter und fruchtbarkeit aus fischreusen.
Gutslaffs worte in seinem buch über Wöhhanda sind diese:
„Zwar es ist mir neulich erzehlet worden, das die bauren vor diesem an dieser bäche ihr augurium wegen des wetters gehabt hetten, welches sie also verhandelt. sie hetten in diese bäche drei körbe gesetzet neben einander, und, ungeachtet der eußersten beiden, hetten sie nur auf den mittelsten korb alleine achtunge gegeben, was für gattunge von fischen in denselben köme.
Denn so in den mittelsten ein unschuppigter fisch, als ein krebs oder quap oder dergleichen hineingekommen were, hetten sie sich eines bösen wetters und unfruchtbaren jahres zu besorgen gehabt: darumb so hetten sie einen ochsen geopfert, umb gut wetter zu erlangen.
Darauf hetten sie die körbe wiederum also eingestellet, und da abermahl ein unschuppiger fisch in demselben befunden worden, so hetten sie zum andern mal einen ochsen geopfert, und darauf zum drittenmale die körbe wieder eingesetzt.
Hette sich nun wieder ein unschuppiger fisch darin befunden, so hetten sie vors dritte ein kind geopfert, umb gut wetter und fruchtbare zeit zu erlangen, und darauf zuletzt die körbe wieder eingesetzt.
Wenn sie denn nun nichtschüppite fische im mittelsten korbe gefunden, so hetten sie es ihnen gefallen lassen und hetten sich mit gedult darin gegeben. hetten sie aber schuppichte fische darinnen gefunden, so hetten sie sich eines guten wetters und fruchtbaren jahres vermutet, welches sie mit freuden wargenommen"
Ganz verschieden war die grichische ιχθυομαντεία aus der fische eingeweiden.

25

4. i) Kenningar

Es war sehr naheliegend, mit dem Wort „Fisch" Meeres-Kenningar zu bilden:

Meer	*Land des Lachses*		Gamli Kanon	Harmsol
Meer	*Land der Makrele*		Gamli Kanon	Harmsol
Meer	*Reich des Hummers*		anonym	Liknarbraut
Meer	*Feld der Fische*		Hallar-Steinn	Rekstefja
Meer	*Feld des Aals*		Rögnvald-Jarl Koli Kolsson	Lausavisur
Meer	*Acker des Aals*		Sturla Thordarson	Hrafnsmal
Meer	*Niederungen des Herings*		anonym	Gedicht über Olaf Tryggvason
Meer	*Berge des Hummers*		Thorkell Gislason	Buadrapa
Meer	*Halle des Lachses*		anonym	Noregs Konungatal
Meer	*Haus des Blauwals*		anonym	Brudkaupsvisur
Meer	*Bootshaus des Hummers*		Gamli Kanon	Jonsdrapa
Meer	*Bett des Seelachses*		anonym	Brudkaupsvisur
Meer	*Weg des Seelachses*		Thorbjörn Hornklaue	Glymdrapa
Meer	*Weg des Rotbarsches*		anonym	Brudkaupsvisur
Meer	*Straße der Hechte*		-	-
Meer	*Pfad des Dorsches*		Sigvatr Thordarson	Knutsdrapa
Meer	*fließender Pfad des Dorsches*		Einarr Skulason	Haraldsdrapa 2
Meer	*Pfad des Landes des Hummers*		anonym	Liknarbraut
Meer	*Bier der Fischgründe*		Sturla Thordarson	Hrafnsmal
Meer	*Bucht des Seelachses*	keine echte Kenning	anonym	Brudkaupsvisur

Mithilfe der mit dem Wort „Fisch" gebildeten Meeres-Kenningarn konnte man wiederum Kenningar für Dinge bilden, die mit dem Meer zusammenhingen:

Eis	*Dachziegeln der Halle des Lachses*		anonym	Noregs Konungatal
Tang	*Heide des Feldes des Dorsches*		Sigvatr Thordarson	Lausavisur
Island	*Land des Seelachs-Pfades*		Thorbjörn Hornklaue	Glymdrapa
Schiff	*Pferd der Aal-Ebene*		Rögnvaldr-Jarl Kali Kolsson	Lausavisur
Seefahrer	*Junge des fließendes Pfades des Dorsches*		Einarr Skulason	Haraldsdrapa 2

Die Schlange konnte als „Fisch des Meeres" umschrieben werden. Zu diesen Schlangen gehörte auch die Riesenschlange Jörmungandr. Diese Jörmungandr-Kenning ist das einzige mythologische Element unter den Fisch-Kenningarn.

Schlange	*Heide-Dorsch*		-	-
Schlange	*Heilbutt der Wiese*		Sigvatr Thordarson	Lausavisur
Schlange	*Heilbutt der Weide*	Heilbutt = Fisch	Sigvatr Thordarson	Lausavisur
Schlange	*Lachs des Tales*		Snorri Sturluson	Skaldskaparmal
Schlange	*dunkle Forelle des Waldes*		Illugi Brauen-Tal-Skalde	Gedicht über Harald Hart-Rat
Schlange	*Stein-Makrele*		Olaf der Heilige Haraldsson	Lausavisur
Schlange	*Blitz-Fisch*	schnelle Bewegungen?	Thormodr Kolbrunarskald	Lausavisur
Schlange	*giftige Muräne*	Muräne= schlangen-ähnlicher, ungiftiger Fisch; folglich ist eine „giftige Muräne" eine Schlange	Hallfredr Ärger-Skalde Ottarsson	Erfidrapa Olafs des Heiligen
Jörmungandr	*der sich windende Aal des Völsungen-Tranks*	Aal = Schlange; Völsungen-Trank = Gift (Vergiftung des Sinfiötli); => Gift-Schlange	Bragi Boddason der Alte	Ragnarsdrapa

An die mit dem Wort „Fisch" gebildeten Schlangen-Kenningar schließen sich die Jahreszeiten-Kenningar an:

Winter	*Leid der Stein-Makrele*	Kältestarre im Winter	Olaf der Heilige Haraldsson	Lausavisur
Winter	*Leid des Heide-Dorsches*	Dorsch = Fischart; Heide-Dorsch = Schlange	-	-
Sommer	*Freude des Heide-Dorsches*		-	-

Aufgrund der meist langen, flachen und spitzen Form der Fische konnte man mit dem Wort „Fisch" auch Schwert-Kenningar bilden:

Schwert	*Kampf-Aal*		Ivarr Ingimundarson	Sigurdarbalkr
Schwert	*steife Forelle des Landes des Kampf-Schneesturmes*	Land des Kampf-Schneesturmes = Schlachtfeld	Jatgeirr Torfason	Lausavisa
Schwert	*Leichen-Forelle der Wand*	Forelle = Klinge; Wand = Schild	Tindr Hallkelsson	Hakonardrapa
Schwert	*Schild-Muräne*	das Schwert (Fisch) zerstört den Schild (Rand)	Hallar-Steinn	Rekstefja
Schwert	*Rand-Fisch*		Einarr Skulason	Runhenda
Schwert	*erprobter Lachs des Schild-Randes*		Nefari	Lausavisa
Schwert	*Wunden-Fisch*		Guthorm Schlacke	Hakonardrapa
Schwert	*Wunden-Lachs*		anonym	Gedicht über Olafr Tryggvason
Schwert	*Dorsch des Blutes*		-	-
Schwert	*Leichen-Fisch*		Einarr Skulason	Geisli

Mithilfe der Meeres-Kenningar, die mit dem Wort „Fisch" gebildet wurden, ließen sich auch Kenningar für „Gold" und für „reicher Mann" bilden:

Mann (reich)	*Polierer des Feuers des Bettes des Seelachses*	Bett des Seelachses = Meer; Feuer des Meeres = Gold	anonym	Brudkaupsvisur

28

4. j)   Fische in der indogermanischen Überlieferung

Der Fisch hat kaum eine Bedeutung in den indogermanischen Mythen.

Lediglich der Lachs ist bei den Kelten das Tier des Sonnengott-Göttervaters Dagda – vermutlich seine Gestalt in der Wasserunterwelt (siehe „Lachs" in diesem Band). Der Druide Taliesin verwandelt sich in seiner Einweihungs-Mythe auf der Flucht vor Cerridwen in einen Fisch (Lachs?), d.h. er reist in die Wasserunterwelt. Cerridwen ist die zur „Hexe" umgedeutete Jenseitsgöttin, die der germanischen Hel entspricht.

Im asiatischen Raum habe Fische eine große mythologische Bedeutung. In Japan und China gelten Fische zum Beispiel als Symbol für Glück und Reichtum.

Auch Naturerscheinungen brachte man mit dem Fisch in Verbindung: Früher glaubte man beispielsweise in Japan, dass die zahlreichen Erdbeben auf einen riesigen Wels zurückgehen, der mit seiner Flosse schlägt.

Besonderes im Shintoismus wird der Fisch verehrt, wie man an den vielen Schreinen sehen kann, in denen sich Fisch-Statuen befinden.

4. l)   Zusammenfassung

Die Fische wurden mit der Wasserunterwelt assoziiert. Es gibt einige, allerdings eher vage Hinweise auf eine allgemeine Fisch-Symbolik:

- Schlangen und Fische waren Analogien: die Totengeister im Erdjenseits der Hel (Hügelgrab) und im Wasser-Jenseits der Ran.
- „Thiodwitnirs Fisch" oder „Thiodwirtnir als Fisch" ist vermutlich Tyr als Fisch (Lachs?) im Jenseits.
- Die „Stimme der Fische" war eine Zutat in der Magie.

II Meeressäugetiere

5. Der Delphin

5. a) Gesta danorum

Delphine spielen in der germanischen Mythologie keine Rolle. Sie erscheinen ledig-lich einmal in der Gesta danorum („Geschichte der Dänen"), in der sie ein Teil eines „Rätsel-Gespräches" sind. Sie haben dort jedoch keinerlei mythologische Funktion.

Dieses „Rätsel-Gespräche" zeigt, daß solche „Gespräche" sehr geschätzt wurden und eine gute Diskussion dieser Art hin und wieder auch einmal mit einem Goldring belohnt werden konnte.

In der Halle brannte ein loderndes Feuer, wie es die Jahreszeit erforderte, denn es war Mitwinter geworden. Um es herum saßen in verschiedenen Gruppen der König auf der einen Seite und die Berserker auf der anderen Seite.

Als sich Erik zu ihnen begab, begannen diese letzteren gruselige Töne wie Geheul auszustoßen.

Der König beendete diesen Lärm und sagte ihnen, daß die Klänge der Wildnis nicht in der Brust der Menschen sein sollten.

Erik fügte hinzu, daß es die Art der Hunde sei, daß alle zu heulen beginnen, wenn einer damit anfängt, und daß alle Menschen durch ihr Betragen ihre Herkunft und ihre Sippe verraten würden.

Als jedoch Koll, der der Hüter der Schätze, die dem König gebracht wurden, war, ihn frug, ob er irgendwelche Geschenke mitgebracht hätte, holte er ein Stück Eis hervor, das er an seiner Brust verborgen hatte. Als er es dem Koll über die Feuer-stelle hinweg reichte, ließ er es absichtlich in das Feuer fallen – so als ob es von der Hand des Empfängers gefallen wäre. Alle, die zugegen waren, sahen etwas kleines Glänzendes und ihnen schien, als ob geschmolzenes Metall in das Feuer gefallen wä-re. Erik, der darauf beharrte, daß es durch die Unvorsichtigkeit dessen, der es nahm, fortgestoßen worden war, frug, welche Strafe für den Verlierer dieses Geschenkes angemessen sei.

Der König frug die Königin nach ihrer Meinung, die empfahl, nicht hinter den Worten des Gesetzes zurückzubleiben, die er erlassen hatte, durch die er eine

30

Warnung gegeben hatte, daß all die, die Geschenke verloren haten, die ihm über-bracht werden sollten, mit dem Tod bestraft werden sollten. Auch alle anderen sagten, daß die Strafe, die von dem Gesetz bestimmt worden ist, beibehalten werden sollte.

Da gab der König, dem geraten worden war, die Strafe als unausweichlich anzu-sehen, den Befehl, Koll zu hängen.

Da sprach Frode Erik wie folgt an: „O Du, der Du hier mit großem unverschämtem Gerede auftrittst, mit anmaßender und großspuriger Rede,was sagst Du, von wo und warum Du hierher gekommen bist?"

Erik antwortete: „Ich kam von den Rennes-Inseln und nahm setzte mich bei einem Stein."

Frode erwiderte: „Ich frage Dich, wohin gingst Du als nächstes?"

Erik antwortete: „Ich ging von dem Stein fort und ritt auf einem Balken und machte häufig wieder Rast bei einem Stein."

Frode entgegnete: „Ich frage Dich, wohin Du als nächstes Deinen Weg gewandt hast und wo Dich die Nacht gefunden hat?"

Da sagte Erik: „Ich verließ eine Felsspalte, ich kam zu einem Felsen und lag wieder bei einem Stein."

Frode sagte: „Die Felsen lagen dort sehr dicht ..."

Erik antwortete: „Der Sand lag jedoch dichter, wie man leicht sehen kann ..."

Frode sagte: „Sag mir, was Deine Absichten waren und ob Du davon abgewichen bist."

Da sagte Erik: „Als ich den Felsen verließ, da mein Schiff auslief, fand ich einen Delphin."

Frode sagte: „Nun hast Du etwas Neues gesagt, obwohl diese beiden Dinge normal im Meer sind. Ich wüßte jedoch gerne, welchem Pfad Du danach gefolgt bist."

Erik antwortete: „Nach dem Delphin ging ich zu einem Delphin."

Frode sagte: „Die Delphin-Schar ist ein bißchen gewöhnlich."

Erik antwortete: „Sie schwimmen recht oft im Wasser."

Frode sagte: „Ich wüßte gerne, wohin Du nach Deiner mühsamen Reise verschla-gen wurdest, nachdem Du die Delphine verlassen hattest."

31

Erik antwortete: „Ich kam schon bald zu dem Stamm eines Baumes."

Frode erwiderte: „Wohin hast Du dann als nächstes Deinen Weg gewandt?"

Da sagte Erik: „Von dem Stamm ging ich weiter zu einem umgestürzten Baumstamm."

Frode sprach: „Die Gegend muß voll von Bäumen gewesen sein, da Du stets die Häuser Deiner Gastgeber mit dem Namen 'Baumstamm' bezeichnest."

Erik erwiderte: „Es gibt dort eine sehr dichte Gegend im Wald."

Frode frug weiter: „Erzähle, wohin Du als nächstes Deine Schritte gewandt hast!"

Erik antwortete: „Ich lenkte meinen Weg noch oft zu den gefällten Stämmen des Waldes; aber als ich dort rastete, leckten Wölfe, die auf den Leichen von Menschen saßen, die Spitzen der Speere. Da wurde eine Speerspitze von dem Speerschaft des Königs geschlagen – und dies war der Enkel des Fridleif."

Frode sagte: „Ich bin verwirrt und weiß nicht, was ich von diesem Gespräch halten soll. Denn Du hast meinen Geist mit dunklen Rätseln durcheinander gebracht."

Erik antwortete: „Du schuldest mir den Preis für diesen Wettstreit, der nun beendet ist, denn unter einem Schleier habe ich Dir verschiedene Dinge erklärt, die Du nicht verstanden hast. Denn mit dem Namen, den ich zuvor als 'Speerspitze' umschrieben habe, habe ich Odd ('Waffenspitze') bezeichnet, den meine Hand getötet hat."

Und als auch die Königin ihm den Palmzweig der Beredtheit und den Preis für den Fluß der Rede zusprach, nahm der König sofort einen Armreif von seinem Arm und gab ihn ihm als den verdienten Lohn und fügte hinzu: „Ich würde gerne von Dir sel-ber Dein Gespräch mit Grep hören, in dem er sich schämte, offen zuzugeben, daß er besiegt sei."

Da sagte Erik: „Er wurde von der Scham für das Fremdgehen niederge-worfen, derer er angeklagt wurde, denn da er keine Verteidigung vorbringen konnte, gestand er, daß es das Fremdgehen mit Deiner Frau begangen hat."

Der König wandte sich zu Hanud und frug sie, mit welchen Gefühlen sie diese Anklage höre und sie gab ihre Schuld nicht nur durch einem Schrei zu, sondern zeigte in ihrem Gesicht ein errötendes Zeichen ihrer Schuld und offenbarte auf diese Weise deutliche Merkmale ihres Fehlgehens.

Der König, der nicht nur auf ihre Worte hörte, sondern auch die Zeichen in ihrem Antlitz sah, hatte aber Zweifel, mit welchem Urteil er die Verbrecherin bestrafen sollte, und ließ die Königin durch ihre eigene Wahl die Strafe bestimmen, die ihr

Vergehen verdiente.

Die Königin bat den König um Verzeihung, die er ihr auch gewährte.

5. b) Der Delphin in der indogermanischen Überlieferung

Bei den am Mittelmeer lebenden indogermanischen Völkern, d.h. vor allem bei den Griechen, wurde der Delphin als Freund des Menschen angesehen.

Mann, Delphin, Sonne (aus Italien) Griechen, 490 v.Chr.	*Mann auf Delphin Griechen, 480 v.Chr.*	*Mann auf Delphin über Sonne Griechen, 460 v.Chr.*	*Nymphe mit vier Delphinen Griechen, 350 v.Chr.*
Stier und Delphin Römer, 290 v.Chr.	*Frau, Dreizack, Füllhorn, Delphin Griechen, 250v.Chr.*	*Delphin Etrusker, 250 v.Chr.*	*geflügelter Genius (Seele) auf Delphin Römer, 76 v.Chr.*

Der Delphin ist auf den Münzen mit der Göttin, dem Stier, der Sonne und dem geflügelten Mann (Toter als Seelenvogel-Mann) verbunden.

Der Kessel von Gundestrup ist um 400 v.Chr. im Auftrag der Kelten von den Thrakern (den Nachbarn und Verwandten der Griechen) hergestellt worden, aber er wurde bei den Germanen in Dänemark gefunden. Die Motive auf dem Kessel sind keltisch, aber es sind thrakisch-griechische Beimengungen vorhanden, zu denen u.a. die Delphine gehören.

Cernunnos-Innenplatte: Mann auf Delphin (rechts oben); Kessel von Gundestrup

5. c) Zusammenfassung

Die Delphine spielten in der germanischen Religion keine Rolle.

6. Der Wal

Der Wal als das größte Wassertier und auch als das größte Tier überhaupt hat bei den Germanen eine etwas komplexere mythologische Bedeutung erlangt.

6. a) Fridthjof der Kühne

Über die Wale wird berichtet, daß sich Zauberinnen oft in diese Wassertiere verwandelt haben – insbesondere dann, wenn sie Seeleuten schaden wollten. Manchmal ritten diese Zauberinnen auch auf den Walen – was jedoch eine spätere Umdeutung der Wal-Verwandlung sein wird.

Der Anfang dieser Saga ist, daß König Bele über die Gegend von Sogn herrschte. Er hatte drei Kinder: einen Sohn, der Helge hieß, einen zweiten mit dem Namen Halfdan und eine Tochter, die Ingeborg genannt wurde, eine schöne junge Frau mit großer Weisheit und die erste der Kinder des Königs.

An der Küste, die im Westen an den Fjord grenzte, war ein großer umhegter Bereich, der Baldurs-Hag genannt wurde. Innerhalb der Umzäunung lag ein Friedens-Platz und ein großer Tempel, der von einer hohen Palisade umgeben war.

Dort waren viele Götter, doch keiner war so beliebt wie Baldur. Und den Heiden waren dieser Ort so heilig, daß darin keine Verletzung geschehen durfte – weder an einem Tier noch an einem Menschen. Und dort durfte Männern und Frauen auch nicht miteinander verkehren.

Der Ort, an dem der König wohnte, hieß Schweinestrand („Systrand"), aber auf der anderen Seite des Fjordes war ein umhegter Bereich, der Vorder-Landzunge („Framness") hieß.

Kurz zusammengefaßt geht die Saga wie folgt weiter:

In Framness lebte Thorstein, dessen Sohn Fridthjof hieß. Fridthjof war der stärkste aller Männer. Thorstein besaß ein Schiff mit dem Namen „Ellide" („das Alte").

Ingeborg und Fridthjof wurden von dem Bauern Hilding aufgezogen und waren daher Ziehgeschwister. Fridthjof hatte noch zwei Ziehbrüder mit den Namen Bjorn und Asmund.

König Bele und Thorstein starben kurz nacheinander und für beide wurde je ein Hügelgrab auf beiden Seiten des Fjordes errichtet. Fridthjof erbte das Schiff Ellide und den wertvollen Goldring seines Vaters.

Fridthjof und Ingeborg liebten sich, aber die beiden Bele-Söhne Helge und Halfdan waren eifersüchtig auf den Reichtum und den guten Ruf des Fridthjof. Fridthjof bat die beiden Brüder um die Hand der Ingeborg, aber diese wiesen ihn ab – angeblich weil er im Rang unter ihnen stand. Darauf sagte Fridthjof, daß er ihnen niemals helfen werde.

König Hring verlangte von den Bele-Söhnen, daß sie sich ihm unterwarfen. Daraufhin suchten sie Hilfe bei Fridthjof und seinem Ziehbruder Bjorn, aber wurden von diesen abgewiesen. Da brachten die Bele-Söhne ihre Schwester Ingeborg in Balders-Hag zusammen mit acht jungen Frauen in Sicherheit. Daraufhin fuhr Fridthjof hinüber und vereinte sich dort trotz des Tempel-Verbotes mit Ingebjörg. Beide schworen sich die Treue und Fridthjof gibt ihr seinen Ring.

König Hring bot den Bele-Söhnen Helgi und Halfdan Frieden an, wenn sie ihm ein Drittel ihres Landes und Besitzes und dazu Ingeborg zur Frau gaben, worin sie einwilligten, da Hring das größere Heer hatte.

Helgi und Halfdan verlangten von Fridthjof für den Bruch der Tempel-Gebote, daß er die seit dem Tod des Bele ausstehenden Tributzahlungen von den Orkney-Inseln eintreibt. Dem stimmt er zu, nachdem die Bele-Söhne geschworen haben, daß sie während seiner Abwesenheit sein Eigentum nicht antasten werden.

Da bereitete Fridthjof sich auf die Reise vor und wählte seine Männer nach ihrem Mut und ihren Fähigkeiten aus. Die Mannschaft bestand aus achtzehn Männern.

Fridthjofs Männer frugen ihn, ob er nicht vor seinem Aufbruch zu Helgi gehen und mit ihm Frieden schließen und Baldur darum bitten wolle, daß er seinen Zorn von ihm nehme.

Fridthjof sagte: „Ich habe einen feierlichen Eid geschworen, daß ich König Helge niemals um Frieden bitten werden.“

Da ging er an Bord der Ellide und segelte aus dem Sogne-Fjord hinaus.

Als jedoch Fridthjof von seiner Heimat fortgefahren war, sprach König Halfdan zu seinem Bruder die folgenden Worte: „Unsere Herrschaft wäre besser und größer, wenn Fridthjof für seine Untaten bezahlen müßte. Laß uns seinen Hof verbrennen und ihm und seinen Männern einen solchen Sturm senden, daß sie verderben.“

Helge sagte, daß sie dies tun würden.

Da verbrannten sie das ganze Gehöft auf Framness und raubten alles, was sie dort fanden.

Dann ließen sie zwei Zauberinnen, Heid und Hamglom, herbeirufen und gaben ihnen Lohn dafür, daß sie über Fridthjof und seine Männer einen so gewaltigen Sturm herbeiriefen, daß er sie alle vernichten würde.

Da sangen die Zauberinnen ihre Zauberlieder und stiegen auf das Magie-Gerüst mit Zauberei und Anrufungen hinauf.

Als Fridthjof und seine Männer jedoch aus dem Sogn-Fjord hinausgefahren waren,

36

brach ein heftiger Sturm und ein großes Gewitter über sie herein und die See wogte gewaltig. Das Schiff fuhr schnell voran, denn es glitt schnell über das Wasser und hatte eine vorzügliche Form, um das Meer zu durchpflügen.

Da sang Fridthjof:

„Mein geteertes See-Roß
ließ ich aus dem Sogn-Fjord hinausfahren,
während die Mädchen in der Mitte
von Baldurs-Hag Met tranken.
Der Sturm schwillt nun an:
Lebt wohl, unsere Bräute,
die ihr uns lieben wolltet,
obwohl Ellide mit Männern gefüllt sein wollte.“

Bjorn sagte: „Es wäre gut, wenn Du etwas anders als die jungen Frauen von Balders-Hag finden würdest, über das Du singen könntest.“

Fridthjof gab zur Antwort: „Mir werden meine Lieder darüber aber nicht so schnell ausgehen.“

Dann wurden sie nordwärts zu den Meerengen bei den Inseln, die Solund genannt werden, getrieben. Dort erreichte der Sturm seine größte Heftigkeit.

Da sang Fridthjof:

„Hoch wölbt sich die See empor,
die Wogen und die Wolken vereinen sich,
alte Zaubersprüche sind die Ursache –
sie rufen die Brecher herbei;
Ich will nicht im Sturm
mit Ägir streiten.
Mögen die eisbedeckten
Solund-Inseln uns schützen!“

Da wandten sie sich zu den Inseln, die Solund genannt werden und wollten dort vor Anker gehen – da verebbte der Sturm plötzlich.

Da nahmen sie einen neuen Kurs auf und wandten ihren Bug von der Insel fort, weil sie eine gute Aussicht für ihre Fahrt hatten und sie hatten auch eine zeitlang einen guten Wind. Doch schon bald frischte der Wind zu heftigen Böen auf.

Da sang Fridthjof:

„In früheren Tagen,
in Framness,
da ruderte ich,
um meine Ingeborg zu treffen.
Nun segle ich
in dem eisigen Sturm
und lasse das Wogen-Roß
rasch dahingleiten.“

Nachdem sie vor dem Wind weit in das Meer hinausgeeilt waren, kam ein heftiger Wind, der die Wasser wieder heftig aufzuwühlen begann und der von einem solch heftigen Schneesturm begleitet war, daß der Bug nicht vom Heck aus gesehen werden konnte und daß die See ständig über die Bordwand hereinbrach, sodaß sie die ganze Zeit Wasser hinausschöpfen mußten.

Da sagte Fridthjof:

„Die Wogen sind dem Blick verborgen,
denn das Wetter ist von Zauberinnen gemacht.
Wir Helden-Gefährten
sind weit ins Meer hinausgekommen.
Hier stehen wir nun –
die Solund-Insel sind verschwunden –
achtzehn Mann schöpfen Wasser
und Ellide trägt uns noch immer.“

Björn sagte: *„Vielfältig ist das Schicksal dessen, der weit fährt.“*
„Das ist gewiß so,“ sprach Fridthjof und sang:

„Es ist Helge,
der die Reif-Mähnigen Wogen anschwellen läßt.
Dies hier ist nicht wie das Küssen
der schönen Braut in Baldurs-Hag.
Ingeborg liebt mich –
und nicht den König.
Ich kenne kein größeres Glück
als ihr ihre Wünsche zu erfüllen.“

Bjorn sagte: *„Vielleicht sucht sie nach etwas Höherem für Dich als Deine jetzige Position – und das ist nicht unangenehm zu wissen.“*

Das „Höhere" ist vermutlich der höhere Rang, den Fridthof braucht, um Ingeborg heiraten zu können.

Fridthof sagte: „Nun ist es an der Zeit, gute Freunde zu prüfen, auch wenn es in Baldurs-Hag angenehmer ist."

Sie schlugen sich gut, denn dort waren tapfere Männer versammelt und das Schiff war das beste, das es jemals in den Nordlanden gegeben hat.

Fridthjof sang diese Strophe:

„Die Wogen sind dem Blick verborgen,
denn wir sind in das West-Meer gelangt.
Die See scheint mir
wie Glut zu glühen.
Wie Hügelgräber wölben sich
die Schwanenfeder-Wogen empor.
Auf den emporsteigenden Hängen
reitet Ellide empor."

Die weißen „Schwanenfedern" oben auf den Wogen sind die Gischt.

Sie fuhren wieder in hohem Seegang, sodaß sie wieder Wasser schöpfen mußten.
Fridthjof sagte:

„Viel muß nun mir zum Wohl
getrunken werden
von den Lippen
der schönen Maid im Osten,
wo die Laken zum Bleichen ausliegen,
wenn es mich
unter die Schwanenfeder-Wogen
sinken lassen soll."

Born sagte: „Glaubst Du, daß die jungen Frauen von Sogn viele Tränen um Dich weinen werden, wenn Du tot bist?"
Fridthjof gab zur Antwort: „Das denke ich ganz gewiß."
Da schlug ein hoher Brecher über den Bug des Schiffes, sodaß ein großer Schwall von Wasser hereinströmte. Da wurden sie dadurch gerettet, daß das Schiff so gut und die Mannschaft so tapfer war.
Da sang Bjorn eine Strophe:

„Es scheint mir, daß es nicht eine Witwe ist,
die zu Deinem Wohle trinkt,
und auch nicht, daß die schöne Ring-Trägerin
Dich bittet, zu ihr zu kommen.
Salzig sind unsere Augen,
naß vom Meerwasser.
Unsere starken Arme werden müde,
und unsere Augenlider schwer."

Das Bitten der Ingeborg, daß Fridthof zu ihr kommt, könnte sich auf den Witwen-Trunk beziehen. Das würde dann bedeuten, daß man beim Trinken des Erinnerungs-Trankes („Minne-Trank") die Ahnen, derer man gedachte, gebeten hat, aus dem Jenseits zu kommen und bei dem Bittenden zu sein.

Diese Deutung ist zwar denkbar, aber sie steht doch auf recht unsicheren Füßen.

Asmund antwortete: „Es würde nicht schaden, wenn auch Du Deine Arme ein bißchen benutzten würdest, denn Du hattest auch mit uns kein Mitleid, als wir unsre Augen gerieben haben, als Du so früh aufstandest, um nach Baldurs-Hag zu fahren."

Fridthjof sagte: „Warum dichtest Du nicht eine Strophe, Asmund?"

„Das soll man nicht über mich erzählen," sagte Asmund, aber er sang trotzdem diese Strophe:

„Fest war das Seil rund um den Mast,
als die See über die Bordwand hereinbrach:
Ich alleine mußte gegen acht Mann
innen an der Bordwand arbeiten.
Es ist besser zu den Frauenhäusern
der jungen Frauen zu fahren,
als inmitten der brüllenden Wogen
Wasser aus Ellide zu schöpfen."

Fridthjof sagte lachend: „Du sprichst von Deiner Hilfe nicht mit geringeren Worten als Du es verdienst, aber trotzdem hast Du jetzt etwas von dem Leibeigenen-Blut in Dir gezeigt, als Du bereit warst, der Tafel-Diener zu sein."

Diese Antwort ist vermutlich ein Scherz, der das Ausschöpfen des Wasser aus dem Drachenschiff mit dem Einschenken von Met an der Tafel vergleicht.

Der Sturm nahm noch immer an Stärke zu, sodaß die Wogen, die sich rings um das Schiff auftürmten, den Männern eher wie hohe Gipfel und Berge und weniger wie

Wellen zu sein schienen.
  Da sagte Fridthjof:

„Auf Kissen-gedeckten Sitzen ruhte ich
in Baldurs-Hag
und sang die Lieder, die ich kenne,
für die schöne Tochter des Königs.
Nun scheine ich
zu Rans Bett zu gehen
und ein anderer
zu meiner Ingeborg."

„Zu Rans Bett gehen" bedeutet, von der Meeresgöttin Ran in die Tiefe hinabgezogen zu werden, d.h. zu ertrinken.

Bjorn sprach: „Große Furcht liegt nun vor uns, Ziehbruder, und Deine Worte künden von Angst – und das steht einem solch kühnen Kerl wie Dir übel an!"
Fridthof sagte: „Ich habe keine Angst oder Furcht, auch wenn ich Liedchen über unsere Vergnügungsfahrt mache. Aber es könnte sein, daß solche Liedchen von anderen öfter gesungen werden, als es sein müßte, denn die meisten Menschen in unserer Lage würden glauben, daß sie dem Tod näher sind als dem Leben. Aber ich werde Dir dennoch mit einer Strophe antworten:

Das habe ich für mich zu sagen:
Mit den acht junge Frauen
der Ingeborg habe ich, nicht Du,
erfolgreich verhandelt.
In Baldurs-Hag legten wir
glänzende Ringe zusammen;
Nicht fern war da
der Wächter von Halfdans Land."

Der „Wächter von Halfdans Land" ist Baldur, der in dem Tempel auf Halfdan Bele-Sohn verehrt worden ist. Fridthjof und Ingeborg haben also mit dem Segen des Baldur geheiratet.

Bjorn sprach: „Mit den Dingen, die bereits getan wurden, Ziehbruder, müssen wir zufrieden sein."
Nun brach die See so heftig über das Schiff herein, daß die Bug-Bordwand und beide Schotten brachen und vier Mann über Bord gingen und verloren waren.

Da sang Fridthof:

*„Beide Schotten wurden
von den großen Meereswogen gebrochen;
vier Jünglinge versanken
in der tiefen See."*

Fridthof sagte: „Es scheint mir unausweichlich, daß einige unserer Männer nun zu Ran gehen, aber ich finde, daß wir nicht wie arme Kerle aussehen sollen, wenn wir zu ihr kommen, sondern wie Männer, und deshalb scheint es mir gut zu sein, wenn jeder von uns etwas Gold bei sich hat."

Da zerschnitt er den Ring, Ingeborgs Geschenk, und verteilte die Stücke unter seinen Männern und sang diese Strophe:

*„Bevor wir vor Ägir fallen,
soll mein Ring zerschlagen werden,
der dem reichen Vater des Halfdan gehörte.
Rot ist er:
Gold soll auf den Gästen glänzen,
falls wir Gastfreundschaft brauchen:
Das geziemt sich für Männer des Kampfes
in der Mitte der Halle der Ran."*

Da sagte Bjorn: „Wir können nicht mit Gewißheit sagen, daß wir dort angekommen werden, auch wenn es jetzt danach aussieht."

In diesem Augenblick bemerkten Fridthjof und seine Männer, als das Schiff sehr schnell über die Wogen dahinglitt und vor ihnen eine ihnen völlig unbekannte See lag, daß es auf allen Seiten her so dunkel zu werden begann, daß niemand mehr von der Mitte des Schiffes aus den Bug oder das Heck sehen konnte. Diese Dunkelheit wurde von hoher Gischt, von Sturm, Frost, Schnee und beißender Kälte begleitet.

Da kletterte Fridthof auf den Mast und als er wieder herabkam, sagte er zu seinen Gefährten: „Ich habe einen seltsamen Anblick gesehen: Ein großer Wal schwamm im Kreis um unser Schiff und ich habe keine Zweifel, daß wir in die Nähe von Land gekommen sind und daß uns dieser Wal davon abhalten will, es zu erreichen.

König Helge, glaube ich, ist uns nicht wohlgesonnen und hat uns alles andere als einen freundlichen Boten gesandt. Ich habe auf dem Rücken des Wales zwei Frauen gesehen, die, wie mir scheint, diesen schrecklichen Sturm durch ihre Magie und durch Zauberei von der übelsten Sorte herbeigerufen haben.

Laßt uns nun erproben, ob unser Glück oder ihre Zauberkunst mächtiger ist. Steuert nun so gerade wie möglich und ich werde versuchen, diese Ungeheuer mit

Speeren zu treffen.
  Da sang er diese Strophe:

„Zwei Zauberinnen
sehe ich auf den Wogen.
Helge hat sie
hierher gesandt.
Ihre Rücken soll Ellide
in zwei Teile schneiden,
ehe sie ihre Reise
vollendet hat!"

  Es wird gesagt, daß das Schiff Ellide durch einen Zauber die Macht erhalten hatte,
die menschliche Sprache zu verstehen.
  Da sagte Bjorn: „Nun kann jedermann die Haltung der beiden Brüder uns gegen-
über sehen."
  Da übernahm Bjorn das Kommando über das Schiff, aber Fridthjof nahm eine
Gabelstange, rannte zum Bug und sang diese Strophe:

„Heil, Ellide!
Spring über die Wogen!
Brich den Zauberinnen
die Zähne und die Brauen!
Die Wangen und die Kiefer
dieser verfluchten Frauen!
Einen oder beide Füße
dieser schrecklichen Zauberinnen!"

  Dann warf er den Dreizack auf eine der Gestaltwandlerinnen und der Bug der
Ellide zerschlug den Rücken der anderen und beider Rücken ward zerbrochen. Der
Wal jedoch tauchte hinab und schwamm davon und sie sahen ihn nie wieder.
  Da beruhigte sich das Wetter, aber das Schiff war voller Wasser und Fridthjof rief
seinen Männer zu, daß sie das Schiff leerschöpfen sollten.
  Bjorn sagte, daß dies keinen Sinn mehr habe.
  Darauf antwortete Fridthof: „Paß auf, Ziehbruder, daß Dich nicht die Verzweiflung
überkommt! Es ist der Brauch tapferer Männer gewesen, solange wie möglich nach
Rettung zu streben – egal, wie das Ergebnis aussehen mag."
  Fridthjof sang diese Strophe:

„Meine mutigen Männer!
Ihr braucht den Tod nicht zu fürchten!
Jubelt vor Freude,
meine Lehnsleute!
Denn dies wissen meine Träume
ganz gewiß:
daß ich meine Ingeborg
wiedersehen werde!"

Nachdem sie das Schiff leergeschöpft hatten und nah am Land waren, blies ihnen noch immer ein regnerischer Wind entgegen.

Da nahm Fridthjof zwei Ruder, setzte sich an den vordersten Teil des Bugs und ruderte mit aller Kraft.

Da klärte das Wetter auf und sie sahen, daß sie durch die Meerenge von Effia gefahren waren und gingen dort an Land. Die Mannschaft war sehr erschöpft, aber Fridthjof war so kräftig, daß er acht seiner Männer durch das Wasser an Land trug; Bjorn zwei und Asmund einen.

Dann sang Fridthjof:

„Hinauf auf die Heide
trug ich selber
meine mutigen Männer,
die vom tobenden Sturm Erschöpften.
Nun habe ich das Segel
auf den Sand geholt –
Mit der Macht des Meeres
ist es nicht leicht zu streiten."

Die Saga endet wie folgt:

Fridthof erhält die Tributzahlungen, die er einholen sollte und kehrt dann zurück. Dort verprügelt er König Helge und verbrennt den Baldur-Tempel. Helge konnte Fridthjof jedoch anschließend nicht verfolgen, weil dieser Helges Schiff beschädigt hatte.

Fridthjof ging auf Wikinger-Raubfahrt und Helge und Halfdan erbauten den Baldur-Tempel neu.

Schließlich geht Fridthjof unerkannt an den Hof von König Hring und Ingeborg. Dort wird er Hrings Jarl und erbt schließlich nach König Hrings Willen sein Land und auch seine Frau Ingeborg.

Halfdan greift Fridthjof mit seinem Heer an, aber unterwirft sich dann Fridthof.

44

6. b)   Die Saga über Ketil Forelle

Als Ketil in der Nähe des Meeres einer Riesin begegnete, ereignete sich folgende Szene:

Sie frug: „Was wirst Du nun tun?"
Er sagte: „Ich werde mir Fleisch beschaffen, um meine Vorräte aufzufüllen."
Sie sagte:

„Ich werde nach Deinem Kochfeuer schauen
und Deinen Leib streicheln,
bis Du zu Deiner Frau nach Hause kommst
und Du wirst zu ihr
mit dem Rauschen des Meeres kommen."

„Das ist nun ihre einzige Hoffnung," sagte Ketil.
Sie ging zu ihm hin.
Da sprach Ketil diese Verse:

„Mein Pfeil ist mir treu
und Dir Deine Stärke.
Dieser Pfeil wird Dich treffen,
wenn Du Dich nicht verziehst!"

Sie sprach diese Verse:

„Wegen Flaug und Fifu
sorge ich mich nicht
und ich fürchte nicht
Hremsus Biß."

Das waren die Namen von Ketils Pfeilen. Er legte einen Pfeil auf die Sehne und schoß auf sie. Sie verwandelte sich in einen Wal und tauchte ins Meer, aber der Pfeil traf sie unter ihrer Flosse. Da hörte Ketil einen lauten Schrei.
Da grinste er und sagte: „Es ist geschehen wie das Schicksal es wollte: Forat ist keine Edelfrau und ihr Bett ist nun recht unangenehm."

Nicht nur Zauberinnen, sondern auch Riesinnen konnten sich in Wale verwandeln. Da die Riesinnen die Mütter der Götter und insbesondere die Wiederzeugungs-Geliebten und die Wiedergeburts-Mütter des ehemaligen Sonnengott-Göttervater Tyr sind, hat es den Anschein, als ob sich auch die Göttinnen in Wale verwandeln konnten.

Dies ist auch insofern wahrscheinlich, weil fast jede Art der Magie auch ein Vorbild in den Mythen hat – weil die Mythen u.a. aus den Beschreibungen der magischen Möglichkeiten entstanden sind.

Die Mutter- und Jenseitsgöttin konnte in der Wasserunterwelt zu einem Fisch werden und auch der Sonnengott-Göttervater Tyr nahm am Abend nach seinem Versinken im Meer die Gestalt eines Fisches an – in dieser Gestalt vereinten sich dann die beiden. Es ist anzunehmen, daß sie dabei zu den größten „Fischen" wurden, da sie die beiden wichtigsten Wesen in der Wasserunterwelt waren: zu zwei Walen – gewissermaßen zu zwei „Fisch-Riesen".

6. c)   Die jüngere Version der Huldar-Saga

In dieser Saga verwandelt sich die Göttin, Seherin und Zauberin Huld in einen Wal:

Inzwischen war Heimgestr Haddbroddsson auf Heerfahrt gezogen. Er hatte dabei einen Kampf mit Stigandi, einem Sohn des Riesen Rangbeinn und einer Schwester von Audr dem Reichen. Diesen Kampf hatte er durch die Hilfe seiner in Walgestalt auftretenden Schwester Huld siegreich bestanden.

6. d)   Die Saga über Olaf Tryggvason

Auch die Zauberer beherrschen die Verwandlung in Wale. Diese Form des Gestaltwandelns scheint bei den Nordgermanen, d.h. bei den Wikingern weit verbreitet gewesen zu sein.

Da gebot König Harald einem Zauberer, in verwandelter Gestalt nach Island zu ziehen, um ihm danach über das Land zu berichten.
Der Zauberer zog in der Gestalt eines Wales los und als er in die Nähe von Island kam, zog er im Norden Islands herum zu der Westseite des Landes, wo er sah, daß all die Berge und Hügel voller Schutzgeister waren – einige groß, andere klein. Als er zum Vapnafjord kam, näherte er sich dem Land und hatte vor, dort an Land zu gehen, aber dort stürzte ihm ein riesiger Drache mit einem Gefolge von Schlangen, Fröschen und Kröten entgegen, die ihm Gift entgegenspien.
Da wandte er sich nach Westen und umkreiste die Insel bis hin nach Eyjafjord und

schwamm in diesen Fjord hinein. Da flog ihm ein Vogel entgegen, der so groß war, daß seine Flügel über die Berge auf beiden Seiten des Fjordes reichten. Er wurde von vielen anderen großen und kleinen Vögeln begleitet.

Da schwamm er noch weiter nach Westen und dann nach Süden bis in den Breida- fjord. Als er den Fjord schwamm, stürmte ihm ein grauer Stier entgegen und brüllte fürchterlich. Ihm folgte eine Schar von Landgeistern.

Von dort schwamm er weiter um die Insel herum bis nach Raykjanes und wollte in Vikarsskeid an Land gehen, doch dort stürzte ihm ein Bergriese mit einem eisernen Stab in den seinen Händen entgegen. Er war einen Kopf größer als die Berge und viele andere Riesen folgten ihm.

Der Magier schwamm in seiner Wal-Gestalt ostwärts an der Küste entlang, wo, wie er berichtete, nichts außer Sand und weites Ödland zu sehen war und wo außerhalb der Schären die Brandung hoch emporschäumte. Das Meer zwischen den Ländern war so breit, daß man es mit einem Langschiff nicht überqueren konnte.

Zu dieser Zeit lebte Brodhelge in Vapnafjord, Eyjolf Valgerdson in Eyjafjord, Thord Geller in Breidafjord und Thorod Gode in Olfus.

Da wandte der dänische König Harald seine Flotte und segelte zurück nach Däne- mark.

Die Drachen, Schlangen, Vögel, Stiere, Riesen und Landgeister („Pukis") sind offenbar Landwächter und Verbündete gewesen. Es hat auch den Anschein, als ob sie zudem die Helfer oder Freunde der vier genannten Wikinger gewesen seien.

Der große Vogel erinnert an den Riesen aus der Edda, der in der Gestalt eines Adlers „am Ende des Himmels" sitzt und mit seinen Fittichen den Wind erschafft.

Die vier Wesen Drache, Vogel, Stier und Riese machen geradezu den Eindruck eines Mandalas, das sich auf Island befindet und die Insel schützt. Die besondere Erwähnung der vier Wikinger, die an den Orten lebten, an denen der Magier an Land gehen wollte, macht den Eindruck, als ob es sich bei ihnen um Magier handelten würde, die die Insel mit ihrer Zauberkraft vor Feinden schützen würden.

heutige isländische Münze

Ein ähnlich enges Verhältnis zu den Erdgeistern wird von den Kelten berichtet, deren Druide Amairgen sich bei der Ankunft in Irland noch vor dem Betreten des Landes mit allen Naturgeistern der Insel verband.

Die vier Wesen, die Island gegen den dänischen Magier ver- teidigen, spielen alle eine wichtige Rolle in den Jenseitsvor- stellungen: Der Drache ist der Jenseitsweg, der Riesenvogel der Seelenvogel, der Stier das Opfertier, mit dem der Tote identifiziert wird, und der Riese der Tote selber.

Diese vier Schutzgeister sind noch heute auf einigen isländischen Münzen zu sehen.

6. e) Hymir-Lied

In diesem Lied wird berichtet, daß Hymir zwei Wale angelt. Da in diesem gesamten Lied Thors Überlegenheit über Tyr und seinen Vater Hymir demonstriert wird, sollen diese beiden Wale, die an sich zwar riesig sind, im Vergleich zu Thors Angeln der Midgardschlange winzig erscheinen.

Da hob am Haken Hymir der Starke
Zwei Walfische aus den Wellen allein.
Am Steuer fertigte inzwischen Weor,
Odins Erzeugter, listig ein Fischseil.

Die Demonstration der Überlegenheit des Tyr zeigt sich auch noch in einer weiteren Strophe, in der Thor die beiden „Fische", die Hymir gefangen hat, heimträgt:

Hlorridi ging und ergriff am Steven,
Ohne erst auszuschöpfen erfaßt er das Schiff
Allein mit Rudern und Schöpfgerät;
Trug auch die Fische des Thursen heim
In das kesselgleiche Berggeklüft.

„Weor", „Odins Erzeugter" und „Hlorridi" sind Thor-Namen.

6. f) Skaldskaparmal

Snorri Sturluson zitiert ein Lied des Skalden Hallarsteinn, in dem ein Wal „Vidblindis Eber" genannt wird:

Der, der den Bernstein
des kalten, salzigen Tranks des Keilers des Vidblindi wirft,
wird sich noch lange an die Weide
der Schilfschlange des goldenen Flusses erinnern.

Hier wird der Wal „Keiler des Vidblindi" genannt; dieser Vidblindi ist ein Riese, der Wale wie Fische aus dem Meer zog. Der Trank des Wals ist das Meer: der Bernstein ist Gold; die Weide ist die Frau oder die Verteilerin des Goldes, das sie gibt.

Vidblindi ist ein Tyr-Riese in der Wasserunterwelt (Ägir, Gymir, Hler o.ä.); sein

Keiler ist ein Wal; der Trank des Wals ist das Meer; der Bernstein des Meeres ist Gold.

Der „goldene Fluß" ist eine ungenaue Kenning für „Gold" die eigentlich „Feuer des Flusses" o.ä. lauten müßte. Eine „Schilfschlange" ist eine „Wasser-Schlange", d.h. ein Fisch. Ein „Gold-Fisch" ist hier ein goldener Armreif – auch diese Kenning ist unpräzise, da der Armreif eher „Gold-Schlange" heißen sollte.

In diesen vier Versen sagt der Skalde, daß er sich noch lange an die Frau erinnern wird, der er die goldenen Armreifen geschenkt hat („wirft"), mit denen sie nun geschmückt ist.

Da das Angeln von Walen durch Tyr als Riese im Jenseits sowohl unter seinem Namen „Hymir" als auch unter seinem Namen „Vidblindi" überliefert worden ist, besteht zumindestens der Anfangsverdacht, daß dies Angeln von Walen auch schon vor dem Vergleich der „Angelbeute" im Hymir-Lied ein Motiv in den Tyr-Mythen gewesen ist. Das ursprüngliche Motiv wird die Wal-Gestalt des Tyr in der Wasserunterwelt gewesen sein.

Der Zauberer des Königs Harald könnte sich bei Wal-Verwandlung genauso auf das Wal-Motiv in den Mythen des Tyr-Hymir-Vidblindi beziehen, wie sich die Wal-Verwandlung der Zauberinnen und der Riesin auf die Wal-Verwandlung der Göttin Hulda bezieht.

6. g)   Die Saga über Ketil Forelle

Die Wale scheinen auch Magie-kundig gewesen zu sein. Da Tiere solche Fähigkeiten nur dann haben, wenn sie verwandelte Menschen sind, muß die Vorstellung der Wal-Verwandlung so weit verbreitet gewesen sein, daß man bei dem Anblick eines Wales gleich den Verdacht haben konnte, daß er auch ein Gott, eine Göttin, ein Zauberer oder eine Zauberin sein könnte.

„Hier werde ich gut aufgenommen werden!
Ich glaube, daß die Macht
der Magie der Lappen
dieses schrecklichen Sturm verursacht hat.
Den ganzen Tag habe ich Wasser geschöpft
wegen jeder dritten Woge.
Aber der Wal hat das Meer beruhigt.
Ich werde zu Deinem Haus gelangen."

Das Beruhigen des Meeres, d.h. des Sturmes ist offensichtlich das Gegenstück zu dem Herbeirufen eines Sturmes durch die beiden Zauberinnen auf dem Wal in der Fridthjof-Saga.

Falls der Wal vor allem mit dem ehemaligen Göttervater Tyr als Riese im Jenseits verbunden gewesen sein sollte, wäre dies eine Entsprechung zu dem Adler Hraesvelgr, der mit seinen riesigen Schwingen den Wind erzeugt, da der Adler der Seelenvogel des Göttervaters ist.

Wenn diese Deutung zutrifft, muß der ehemalige Göttervater Tyr recht eng mit dem Wind assoziiert gewesen sein – was ja gut denkbar ist, da er jeden Tag als Sonne über den Himmel zieht.

6. h) Egil-Saga

Walknochen wurden auch für Runenzauber benutzt. Vermutlich liegt dies nicht nur an dem Holzmangel auf Island – schließlich waren Walknochen noch seltener als Holz.

Der von Egil aufgelöste Liebeszauber sollte vermutlich durch die Benutzung der Walknochen als Schreibmaterial für die Runen verstärkt werden.

Das bedeutet wiederum, daß man den Wal offenbar als ein „magisches Tier" oder als ein mit der Magie assoziiertes Tier angesehen hat. Der Grund dafür werden die gelegentlichen Wal-Verwandlungen des Tyr und der Wasserunterwelts-Göttin gewesen sein.

Als Egil und die Seinen sich gesetzt hatten und aßen, da sah Egil, daß ein Mädchen krank auf dem Querbett lag. Egil frug Thorfinn, wer das Weib sei, das dort so krank liege.

Thorfinn meinte, sie heiße Helga und sei seine Tochter – „sie hat schon lange krank gelegen. Sie litt an Auszehrung. Keine Nacht schlief sie und war wie wahnsinnig."

„Habt ihr irgendwelche Heilmittel gegen die Krankheit angewandt?" frug Egil.

Thorfinn sprach: „Runen sind von einem Bauernsohn aus der Nachbarschaft geritzt worden. Es steht aber seitdem viel schlimmer als vorher. Kannst Du, Egil, etwas gegen diese Krankheit tun?"

Egil meinte: „Es ist möglich, daß es nicht schlechter wird, wenn ich danach schaue."

Als Egil gegessen hatte, ging er dorthin, wo das Mädchen lag, und sprach zu ihr. Er bat, sie von dem Platz zu heben und reines Zeug unter sie zu legen. Das geschah. Darauf durchsuchte er den Platz, auf dem sie gelegen hatte und fand dort ein Fischbein, auf dem Runen geritzt waren. Egil las sie. Darauf schabte er die Runen ab und warf sie ins Feuer. Er verbrannte das ganze Fischbein und ließ das Zeug, das das Mädchen gehabt hatte, in den Wind tragen.

Dann sprach Egil:
„Niemand ritze jemals Runen
Der sie nicht zu lesen weiß –
sonst wird er sehr vieler dunkler Sprüche
Bedeutung nicht erkennen.
Zehn der Zauberworte
wurden falsch auf den Walknochen geschrieben;
sie gaben der Kräuter-sammelnden Maid
lange Zeit Sorgen und Schmerzen."

Egil ritzte Runen und legte sie unter das Polster des Lagers, auf dem das Mädchen ruhte. Da schien ihr, als ob sie aus einem Schlaf erwache, und sie sagte, sie sei gesund, wenn auch noch schwach.

6. i) __Runenkästchen von Auzon__

Dieses Kästchen ist aus Walfischknochen („Walbein") angefertigt und mit Bildern und Runen beschnitzt worden (siehe „Runenkästchen von Auzon" in Band 57). Wie die in Runen geschnitzten Verse auf diesem Kästchen zeigen, stammen diese Knochen von einem gestrandeten Wal:

Walbein:
Den Fisch warf die Flut
auf den Berghügel;
der Schreckens-König ward gram,
als er auf das Geröll geschwommen war.

Die hier benutzte Wal-Kenning ist mehrdeutig, da „gas" eine vielfache Bedeutung hat, die von dem ursprünglichen „Atem" über „Seele" und „Geist" bis hin zu der speziellen Geistesverfassung der „Inspiration" und „Ekstase" reicht, die dann noch einmal auf die Kampfekstase, d.h. auf „Wut" und „Zorn" sowie deren Auswirkung, den „Schrecken" reicht. Diese drei letzten Bedeutungen sind eng mit Odin verbunden.

Der Wal scheint somit der „Atem-König im Meer" zu sein, der als Besonderheit unter den Wassertieren auch atmet.

Es könnte jedoch auch eine Verbindung zu der Seele in der Wasserunterwelt bestehen. Der Wal wäre dann nicht nur der „Atem-König", sondern auch der „Seelen-König" – Tyr ist auch der „König der Toten" („Alberich").

Wenn diese Überlegungen zutreffen sollten, wäre die Wahl von Walfischbein für die Herstellung des Runenkästchens nicht nur aus handwerklichen Gründen, sondern auch aus magischen Gründen geschehen, da auf dem Kästchen der ideale Lebenslauf eines Fürsten dargestellt wird – der natürlich in Analogie zu dem Fürsten der Götter (Tyr) steht.

Die Wahl von Walknochen als Material für dieses Kästchen wird genauso wie die Wahl von Walknochen für den (mißglückten) Runen-Heilungszauber, der von Egil aufgelöst worden ist, darin begründet liegen, daß die Wale mit dem ehemaligen Göttervater Tyr als der Riese Hymir-Vidblindi und mit der Jenseitsgöttin Hulda assoziiert worden sind.

Der Walknochen als Material gab den aus ihnen hergestellten Gegenständen ein wenig von der Macht des ehemaligen Sonnengott-Göttervaters Tyr.

6. j) Bruchstücke einer Saga über einige frühe Könige in Dänemark und Schweden

In diesem „Saga-Bruchstück" erscheinen in einem Traum Wale.

Als die Neuigkeit von der Heirat von Aud der Tiefsinnigen bis zu ihrem Vater König Ivar dem Weitumfassenden gelangte, fand er es unverschämt, daß König Radbard sie ohne seine Erlaubnis geheiratet hatte.

Der Beiname „Weitumfassender" des Königs schwedischen Königs Ivar, der von ca. 620-700 n.Chr. lebte, bezog sich darauf, daß ihm Königreiche von Großbritannien bis Rußland Tribut zahlen mußten.

Da versammelte er ein großes Heer aus seinem gesamten Reich, aus Schweden und Dänemark. Er versammelte ein so großes Heer, daß er mehr Schiffe hatte als man zählen konnte. Er brach mit seinem Heer auf und zog nach König Radbards Land östlich des Baltikums und erklärte, daß er dessen gesamtes Königreich verwüsten und versengen werde.

König Ivar war damals bereits sehr alt. Und als er seine Heeresmacht nach Osten in den Golf von Finnland gebracht hatte, beabsichtige er, seine Schiffe mit seinem Heer dort zu verlassen, wo das Reich des Königs Radbard begann.

Da geschah es eines Nachts, als der König auf dem Achterdeck seines Schiffes schlief, daß er träumte, daß ein großer Drache von dem Meer her geflogen kam und

Funken von ihm aufflogen wie Funken von einer Schmiede und alle Länder rings um ihn her erleuchteten. Hinter ihm flogen alle Vögel her – es schienen ihm alle Vögel der Nordlande zu sein. Dann sah er eine große Wolke von Norden her nahen und er sah, daß sie so große Regen und so große Stürme brachte, daß er dachte, daß alle Wälder und alle Länder von dem Wasser, das herniederströmte, fortgespült werden würden. Mit ihr kamen Donner und Blitze. Und als der große Drache vom Meer aus über das Land flog, da kam über ihn der Regen und der Sturm und eine solch große Finsternis, daß er ab dem Augenblick weder den Drachen noch die Vögel mehr sehen konnte, auch wenn er den großen Lärm der Donner und des Sturmes hören konnte. Das Unwetter zog nach Süden und nach Westen und umgab sein ganzes Reich. Und ihm schien, daß er da nach seinen Schiffen blickte und sie waren zu nichts anderem als zu Walen geworden, alle von ihnen, und sie schwammen ins Meer hinaus.

Und er erwachte und rief seinen Ziehvater Hord zu sich und erzählte ihm seinen Traum und bat ihn, ihn ihm zu deuten.

Hord sprach, daß er zu alt sei, um zu wissen, wie man Träume verstehen müsse. Er stand auf einem Felsen unterhalb des Endes des Piers, während der König auf dem Achterdeck lag und eine Ecke seines Zeltes angehoben hatte, während sie miteinander sprachen.

Der König war in einer schlechten Stimmung und sprach: „Komm an Bord, Hord, und deute meinen Traum!"

Hord sprach, er könne nicht an Bord kommen, „aber Dein Traum braucht keine Deutung. Du kannst selber sehen, was er bedeutet und daß es sehr wahrscheinlich ist, daß es bald eine Veränderung des Herrschers in Schweden und Dänemark gibt. Und nun ist die Gier des Grabes in Dir, der Hunger, der das Ende eines Menschen ankündet – dieser Gedanke von Dir, Dir alle Reiche zu unterwerfen! Aber was Du nicht weißt, ist, daß das Ergebnis Dein Tod sein wird und daß Deine Feinde Dein Königreich besitzen werden."

Die Wale sind versunkene Schiffe. Möglicherweise ist dies eine Erinnerung daran, daß der Sonnengott-Göttervater Tyr einst in einem (Drachen-)Schiff über den Himmel gefahren ist und daß Tyr beim Versinken der Sonne im Meer zu einem Wal (bzw. zu einem Drachen) geworden ist.

6. k)   Die Saga über Hovard von den Eisfjord-Leuten

Angetriebene Wale waren wegen ihrem Fleisch, ihrem Tran und ihren Knochen sehr wertvoll und daher ein häufiges Streitobjekt:

Nun ist zunächst zu erzählen, daß einmal ein Walfisch in den Isfjord hineintrieb. Thorbjörn und Hovard hatten an beiden Seiten Strandrecht; man sagte sogleich, daß der Walfisch dem Hovard zufallen müsse, und es war der schönste Walfisch, den man je gesehen hatte.

Beide fuhren hin und wollten die Sache auf einen Richterspruch ankommen lassen; es kam da eine große Menschenmenge zusammen und alle waren der Meinung, es sei ganz offenbar, daß der Fisch von Rechtswegen dem Hovard zustehe.

Thorkell, der Rechtsprecher des Isfjorder Bezirks, war auch herzugekommen und wurde jetzt gefragt, wem der Fisch gehöre; er antwortete mit ziemlich leiser Stimme: „Gewiß gehört den Leuten der Walfisch. "

Thorbjörn drang mit gezücktem Schwert auf ihn ein und fragte: „Wem, Du Elender? "

„Ganz gewiß Euch, Euch! " erwiderte er rasch und ließ den Kopf hängen.

Thorbjörn brauchte da Gewalt und nahm den ganzen Walfisch; Hovard fuhr heim und war nun sehr schlecht zufrieden, aber jedermann war der Ansicht, daß Thorbjörn da wieder einmal mit schamloser Ungerechtigkeit und Gewalt zu Werke gegangen sei und sich recht als Schuft gezeigt habe.

6. l) Grettir-Saga

Der eben berichtete Streit um den angetriebenen Wal war kein Einzelfall:

In einem Sommer geschah es, daß Thorgils Makson einen Wal auf dem Strand fand, dessen Treibgut allen gemeinsam gehörte. Er und seine Leute begannen sofort damit, den Wal kleinzuschneiden.

Doch als die Ziehbrüder davon hörten, gingen sie dorthin und zunächst klangen ihre Reden recht friedlich. Thorgils bot ihnen die Hälfte des ungeschnittenen Wales an, aber sie wollten entweder den gesamten ungeschnitten Wal für sich oder sowohl den geschnittenen als auch den ungeschnittenen Teil aufteilen.

Thorgils lehnte es jedoch ab, auch den geschnittenen Teil des Wales zu teilen und da wurden die Worte zwischen ihnen immer hitziger, bis schließlich beide Seiten ihre Waffen zogen und miteinander zu kämpfen begannen.

Thorgeir und Thorgils kämpften lange miteinander ohne zu verlieren oder zu gewinnen – und diese beiden waren die hitzigsten. Ihr Kampf war heftig und dauerte lange und das Ende war, daß Thorgils tot auf der Erde vor Thorgeir lag. Thormod und die Männer des Thorgils hatten an einem andern Platz gekämpft. Thormod war der Überlegene in diesem Kampf gewesen und drei Männer des Thorgils waren vor ihm gefallen.

Nach dem Tod des Thorgils gingen seine Leute ostwärts nach Midfirth zurück und brachten seinen toten Leib mit heim.

Die Ziehbrüder jedoch nahmen den ganzen Wal für sich.

6. m)   Die Saga über Grim Struppig-Wange

Am nächsten Tag war das Wetter gut. Sie gingen an Land und sahen, daß ein großer Furchenwal an Land geschwemmt worden war. Sie gingen dorthin und begannen, den Wal in Stücke zu schneiden.

Nach einer Weile sah Grim zwei Männer kommen. Sie kamen sehr schnell näher. Grim grüßte sie und frug nach ihren Namen. Der Anführer sagte, er sei Hreidar der Schnelle, und frug, warum Grim versuche, sich mit Hreidars Besitz davon zu machen. Grim sagte, daß er den Wal zuerst gefunden habe.

„Weißt Du nicht,“ sagte Hreidar, „daß mir alles gehört, was auch immer hier angeschwemmt wird?“

„Davon weiß ich nichts,“ sagte Grim, „mag das sein, wie es will – wir nehmen auf jeden Fall die Hälfte.“

„Ich glaube nicht.“ sagte Hreidar: „Ihr habt zwei Möglichkeiten: Laßt den Wal liegen oder wir werden kämpfen.“

„Das werden wir lieber tun,“ sagte Grim, „als den Wal zu verlieren.“

So kam es dann und sie kämpften und es war ein sehr harter Streit. Hreidar und seine Männer teilten heftige Schläge aus und sie waren auch geschickt mit ihren Waffen, sodaß es nicht lange dauerte, bis beide Männer des Grim tot niederfielen.

Dann begann ein mächtiger Kampf, aber am Ende fielen Hreidar und seine Männer. Grim stürzte ebenfalls wegen seiner Wunden und vor Erschöpfung nieder. So lag er dort am Strand und erwartete auch für sich selber nichts anderes als den Tod.

Grim wurde jedoch gerettet.

6. n)   Saga über die Fost-Brüder

In einer Redewendung erscheint der Wal als „große Beute“ – um die es, wie die beiden vorigen Geschichten zeigen, oft heftigen Streit gab.

„ein gutes Stück Fleisch vom Wal abschneiden“

6. o)   Die Saga über Hovard von den Eisfjord-Leuten

Walfischknochen waren vielseitig verwendbar ...

Da war es gut zu landen, denn von Thorbjörn war daselbst ein guter Hafen ange-
legt, und der Strand überhaupt durch Grabungen so in Stand gesetzt worden, daß
man da nirgends auf Untiefen stieß, und daß kleinere Schiffe da liegen konnten, und
größere ebenfalls; woher es denn auch kam, daß man sich nicht erst naß zu machen
brauchte, wenn man zu Schiff, oder von diesem ans Land gehen wollte, es mochte nun
ein großes Segelschiff oder bloß ein Boot sein.
Auch waren da große Rippenknochen von Walfischen mit den Enden fest zwischen
die Steine eingepfählt anstatt der Walzen, wenn die Schiffe an's Land gezogen werden
sollten.
Obenher war ein Hügel von Steingeröll aufgeworfen, und noch eine Strecke weiter
hinauf befand sich eine gutgelegene und gutgebaute Schiffshütte mit Türen daran; auf
der andern Seite unterhalb des Hügels lag eine große, ringsum eingeschlossene
Bucht. Von der Schiffshütte aus konnte man nicht bis hinunter zum Uferrand schauen,
von der Höhe des Hügels aus sah man hingegen sowohl die Schiffshütte, als den
Uferrand.

6. p)   Die Saga über Hovard von den Eisfjord-Leuten

Gelegentlich diente ein Walfischknochen sogar als Waffe:

Von Brand dem Starken ist zu erzählen, daß er einen von den großen Walfisch-
Rippknochen ausriß und damit dem ehemaligen Pflegevater des jungen Hallgrim den
Schädel einschlug.

... ...

„ Vier mordliche Männer
Machten wir nieder;
So räch' ich an Thorbjörn
Des Teuren Tod. --
Von meinen Mannen
Mußt' Einer fallen;
Onn wurde mit Walfisch-
Walzen gefällt. "

Vermutlich bedeutet „Walfisch-Walzen", daß man die Walknochen wie in dem vorigen Zitat aus der Hovard-Saga als Rollen beim Wassern der Schiffe benutzt hat.

6. q) Kenningar

Der Wal ist ein beliebtes Element in den Kenningarn gewesen – als größtes Tier war es für die Bildung von Superlativen gut geeignet.

1. Walarten

Von den Wikingern wurden viele Arten von Walen unterschieden, wobei sich jedoch nur selten sagen läßt, welche Art konkret gemeint gewesen ist.

Wal	'Meer-Wal'		Snorri Sturluson	Thulur
Wal	'Dampf-Wal'	Dampf = ausgestoßener Atem	Snorri Sturluson	Thulur
Wal	'Prustender'	prusten = Atem ausstoßen	Snorri Sturluson	Thulur
Wal	'spritzendes Schiff'	blasender Wal	Snorri Sturluson	Thulur
Wal	'Atem-Wal'	Wale haben eine Lunge	Snorri Sturluson	Thulur
Wal	Grindwal		Snorri Sturluson	Thulur
Wal	'Rotwal'		Snorri Sturluson	Thulur
Wal	'Rotwal-Kalb'		Snorri Sturluson	Thulur
Wal	'Roter Kammwal'	Kammwal = Bartenwal	Snorri Sturluson	Thulur
Wal	Blauwal		Snorri Sturluson	Thulur
Wal	Nordwal		Snorri Sturluson	Thulur
Wal	'Furchenwal'	Übersetzung unsicher	Snorri Sturluson	Thulur
Wal	'Raben-Wal'	schwarze Wal-Art	Snorri Sturluson	Thulur
Wal	'Bauern-Wal'		Snorri Sturluson	Thulur
Wal	'Bauer'		Snorri Sturluson	Thulur
Wal	Heringswal		Snorri Sturluson	Thulur

Wal	'Speer-Wal'		Snorri Sturluson	Thulur
Wal	*Narwal*		Snorri Sturluson	Thulur
Wal	'Meer-Bedränger'	angriffslustiger Wal?	Snorri Sturluson	Thulur
Wal	*Heck-Wal*	der im Kielwasser hinter dem Heck schwimmt?	Snorri Sturluson	Thulur
Wal	*langsam ziehender Wal*	Übersetzung unsicher	Snorri Sturluson	Thulur
Wal	'Sand-Lieger'	gestrandeter Wal	Snorri Sturluson	Thulur
Wal	'Blitz'	Delphin?	Snorri Sturluson	Thulur

2. Meeres-Kenningar

Meer	*Heim der Wale*			anonym	Der Seefahrer
				anonym	Placitusdrapa
Meer	*Haus des Blauwals*			anonym	Brudkaupsvisur
Meer	*Pfad der Wale*			anonym	Beowulf
Meer	*rauschender Pfad der Orcas*			anonym	Olafs drapa Tryggvasonar
Meer	*Land der Wale*			Eldjarn	Lausavisur
				Kalfr Hallsson	Katrinardrapa
				Rögnvald-Jarl Koli Kolsson	Lausavisur
				Eldjarn	Lausavisur
Meer	*Land des Orcas*			anonym	Olafs drapa Tryggvasonar
Meer	*brüllendes Feld der Wale*			Hallr Snorrason	Lausavisur
Meer	*Feld des Trans*	Tran = Wal, aus dem das Tran-Öl gewonnen wird		Sigvatr Thordarson	Lausavisur
Wogen-Kämme	*verächtliche Haus-Firste des Wales*	verächtlich => unerschrockene Wikinger ...		Markus	(Skaldskaparmal)

3. Schlangen-Kenningar

Die Schlange auf dem Land entspricht dem Fisch im Wasser und daher auch dem Wal. Das Gemeinte konnte man daher durch ein Tier aus dem anderen Bereich darstellen, wenn man ihm ein Element voranstellte, daß den gemeinten Bereich bezeichnet: Eine Wogen-Schlange ist ein Fisch und ein Gras-Fisch ist eine Schlange.

Schlange	Heide-Wal		Einarr Schreihals Helgason	Vellekla
Schlange	Berg-Wal		Kalfr Hallsson	Katrinardrapa
Schlange	Tal-Finnwal		Sturla Thordarson	Hrafnsmal
Schlange	Insel-Finnwal		Sturla Thordarson	Hakonarflokkr

4. Gold-Kenningar

Da man Gold in Anspielung auf die goldene Sonne in der nächtlichen Wasserunterwelt als „Feuer des Meeres" umschreiben konnte, konnte man auch mit dem Wort „Wal" beeindruckende Gold-Kenningar bilden:

Gold	Feuer des Wal-Hauses		anonym	Placitusdrapa
Gold	Feuers des rauschenden Pfades der Orcas	Orca-Pfad = Meer	anonym	Olafs drapa Tryggvasonar
Gold	das, was aus dem Haus der Wale aufsteigt	Sonne = Gold	anonym	Placitusdrapa

5. Fürsten-Kenningar

Aus den mit dem Wort „Wal" gebildeten Gold-Kenningarn ließen sich Kenningar für die großzügigen Fürsten ableiten:

großzügiger Mann	Verminderer des Feuers des rauschenden Pfades der Orcas	Orca-Pfad = Meer; Feuer des Meeres =Gold; Verminderer = Verteiler	anonym	Olafs drapa Tryggvasonar
großzügiger Mann	sehr energischer Zerstörer des kostbaren Lagers der Finnwale des Tales	Finnwal des Tales = Schlange; Lager der Schlange = Grabschatz	Sturla Thordarson	Hrafnsmal

59

6. Riesen-Kenningar

Es lag natürlich nahe, die „riesigen Riesen" mit den „riesigen Walen" zu umschreiben …

Riese	Landwale		Tjodolfr von Hvini	Haustlöng
Riese	Schluchten-Wals	Schluchten = Gebirge = Utgard	Gamli der überragende Skalde	Thor-Lied
Thiazi	Kampf-hungrige Rognir der Landwale	Landwal = Riese; Rognir = König; Riesen-König = Thiazi	Tjodolfr von Hvini	Haustlöng

7. Sonnen-Kenningar

Sonne	das, was aus dem Haus der Wale aufsteigt		anonym	Placitusdrapa

8. Waffen-Kenningar

Schwert	Weiß-Wal	Weiß = glänzend; Wal = Schlange = Klinge	Snorri Sturluson	Thulur
Mjöllnir	Zerstörer des Schluchten-Wals	Schluchten-Wal = Riese	Gamli der überragende Skalde	Thor-Lied

6. r) Ortsnamen

Im Landnahme-Buch werden mehrere mit „Wal" gebildete Ortsnamen genannt, die jedoch keinerlei mythologischen Hintergrund zu haben scheinen:

Hvaleyri	= Wal-Insel
Hvalfjördr	= Wal-Fjord
Hvallatr	= Wal-Lager
Hvalsey	= Wal-Insel
Hvalseyjarfjördr	= Wal-Insel-Fjord
Hvalsnesskridur	= Wal-Landzungen-Geröllhang
Hvalvatnsfjördr	= Wal-Wasser-Fjord

6. s) „Urka"

Dieser germanische Name stammt von dem indogermanischen Verb „arek" für „verschließen" ab und ist eine Bezeichnung für die Grabkammer des Hügelgrabes und für den Totengott – der Totengott schließt die Toten in ihrer Grabkammer bzw. in der Unterwelt ein.

Aus diesem „arek" ist das lateinische Wort „orcus" für „Unterwelt" und „Gott der Unterwelt", das altnordische „orkn" für eine Robbenart, das altenglische „orc" für „böser Geist" (eigentlich: „Totengeist") und das neuenglische „orca" für eine Walart geworden. In neuerer Zeit ist das Wort „Orc" durch die Bücher von Tolkien wieder bekannter geworden.

Die Benennung einer Robbenart bzw. einer Walart als „Orca" liegt darin begründet, daß die Nordgermanen die Toten in der Wasserunterwelt als Fische bzw. Robben und Wale auffaßten – und den ehemaligen Göttervater Tyr als Wal.

6. t) Wal-Mythen bei den Indogermanen

Römer

Der Dichter Samosata erzählt von einem Seefahrer, der mitsamt seinem Schiff und seiner Mannschaft von einem Wal verschluckt worden ist. Dort lebten sie 27 Jahre lang und fuhren danach mit ihrem Schiff wieder heil durch das Maul des Wals auf das Meer zurück.

Inder

Der Schöpfergott Vishnu taucht als Wal auf den Grund des Meeres, um von dort die Veden („Heiligen Schriften") heraufzuholen, damit er mit dem in ihnen enthaltenen Wissen die Erden nach dem Ende eines Erdenzyklus, der jeweils aus einer großen Flut besteht, neu erschaffen konnte.

Griechen

Der Wal bzw. das Meeresungeheuer Ketos ist die Tochter der Erdgöttin Gaia und ihres Sohnes, des Meeresgottes Pontos. Ihr Bruder, der Meeresgott Phorkys, erzeugte zusammen mit ihr viele Ungeheuer.

Als die äthiopische Königin Cassiopaia behauptete, schöner als die Nereiden (Meeresfrauen) zu sein, sandte Poseidon den Ketos aus, um Äthiopien zu verwüsten. Die Äthiopier beschlossen Cassiopaias Tochter Andromeda zu opfern, doch diese wird von dem Held Perseus, der gegen Ketos kämpft, gerettet.

Es ist denkbar, daß Ketos durch die Begegnung mit Walen mitinspiriert worden ist, aber das ist unsicher.

6. u)   Wal-Mythen anderer Völker

Juden

Um 300 v.Chr. wurde die Geschichte des Jonas niedergeschrieben, der auf dem Meer von der Riesenschlange Leviathan verschlungen worden ist. Nach drei Tagen wurde er wieder an Land gespien.

Leviathan wurde von im Christentum durch einen Wal ersetzt.

Polynesien

Auf den Cook-Inseln wird erzählt, daß der Sonnengott Nganaoa eine Riesenmuschel, eine Riesenkrake und einen Riesenwal tötet, in dessen Bauch er seinen Vater Tairitokerau und seine Mutter Vaiaroa lebend wiederfand. Nachdem er in dem Wal ein Feuer entzündet hat, läßt der Wal alle drei wieder heraus auf eine Sandbank und stirbt.

Dies ist offenbar ursprünglich eine Mythe über die Reise des Sonnengottes (Feuer) durch die Wasserunterwelt im Bauch eines Wales oder in Walgestalt gewesen. Am Morgen wurde der Sonnengott dann entweder als Sohn wiedergeboren oder er verwandelte sich wieder in einem Menschen zurück.

Dasselbe Motiv findet sich auch bei dem germanischen Sonnengott-Göttervater Tyr, der des Nachts bzw. im Winter in der Wasserunterwelt entweder ein Drache oder ein Wal ist.

Bei den Maori ist der Wal der Vater aller Lebewesen. Der erste Maori ist auf dem Rücken eines Wals nach Neuseeland gelangt.

Bei den nordamerikanischen Indianerstämmen an der Pazifikküste wie z.B. bei den Kwakiutl sind der Schwertwal und der Orca wichtige Totemtiere.

Einige Stämme glauben, daß ihre Häuptlinge als Schwertwale wiedergeboren werden. Diese Vorstellung könnte auf die Mythe, daß die Sonne des Nachts im Meer zu einem Wal wird, zurückgehen.

Bei einigen Stämmen ist der Wal das erste Lebewesen. Das erinnert daran, daß auch bei den Germanen der Sonnengott-Göttervater Tyr als der rangmäßig erste Riese dem Ymir, der der zeitlich gesehen erste Riese ist, gleichgesetzt wurde. So könnte der Wal bei den Indianern auch zugleich die Sonne und das erste Wesen gewesen sein.

Die Inuit (Eskimos) haben die Vorstellung, daß die Wale die Finger der Meeresgöttin Sedna sind

6. v) Zusammenfassung

Der Wal als das größte Wassertier und auch als das größte Tier überhaupt hat auch eine mythologische Bedeutung erlangt.

Der Ursprung der Symbolik des Wales liegt vermutlich darin begründet, daß der Wal in der Wasserunterwelt dem Drachen in der Erd-Unterwelt entsprach und der ehemalige Sonnengott-Göttervater Tyr auf seiner nächtlichen Reise durch die Wasserunterwelt die Gestalt eines Wales angenommen hat. Davon leitet sich das Angeln von Walen durch die beiden Tyr-Riesen Hymir und Vidblindi sowie die Walverwandlung des Zauberers des Königs Harald ab.

Aufgrund des Motivs der Wiederzeugung und der Wiedergeburt des Göttervaters in der Unterwelt erhielt auch die Jenseitsgöttin die Gestalt eines Wales – Göttin und Gott mußten bei der Wiederzeugung und bei der Wiedergeburt dieselbe Gestalt haben. Von diesem Motiv leitet sich die Wal-Verwandlung der Göttin Hulda sowie der Riesin Forad und auch das Wal-Reiten der beiden Zauberinnen in der Fridthjof-Saga ab.

Der Wal ist mit dem Windzauber assoziiert worden: Die beiden Zauberinnen, die auf dem Wal reiten, rufen Stürme herbei, und ein anderer Wal beruhigt die Stürme. Der Ursprung dieses Motivs ist vermutlich die Vorstellung, daß der Adler-Seelenvogel des Göttervaters den Wind erzeugt – und folglich auch noch in der Gestalt eines Wales Macht über den Wind hat.

Die Wale im Meer, die Drachen auf der Erde und die Drachenschiffe auf dem

Meer hatten alle dieselbe „Grundbewegung": die Reise über das große Wasser in die Ferne bzw. in das Jenseits. Der Traum von der Verwandlung von Schiffen in Wale weist daher auf den nahenden Tod hin: aus der Meerfahrt in ferne Länder wird eine Jenseitsfahrt in die ferne Halle der Ran bzw. der Hel.

Die Analogie der Wale zu den Schlangen und Drachen zeigt sich u.a. auch in der Bildung von Schlangen-Kenningarn mithilfe des Wortes „Wal".

Die Bildung von Riesen-Kenningarn mithilfe des Wortes „Wal" weist möglicherweise auch auf die Wal-Gestalt des ehemaligen Sonnengott-Göttervaters Tyr als Riese in der Unterwelt hin.

Aufgrund dieser Symbolik des Wales lag es nahe, Heilungszauber in Walbein zu ritzen (Analogie zur Wiedergeburts-Symbolik) und Darstellungen des Ideal-Lebenslaufes eines Königs ebenfalls auf Walbein abzubilden (Analogie zum Lebenslauf des Götterkönigs).

- - -

Sichere Wal-Mythen gibt es bei den Indogermanen nur bei den Germanen.

- - -

Bei den Völkern Polynesiens im Pazifik und bei den Indianerstämmen an der nördlichen Pazifikküste von Nordamerika gibt es die Vorstellung des Wals als erstes Lebewesen und die Mythe, daß die Sonne die Wasserunterwelt als Wal bzw. in einem Wal durchquert.

Dies Wal-Gestalt der Sonne in der Unterwelt stimmt erstaunlicherweise mit den Vorstellungen der Germanen über den Wal überein. Entweder sind diese Vorstellungen bei den Germanen, den Polynesiern und den Indianern Parallelbildungen (was aufgrund der einfachen Symbolik denkbar wäre) oder es hat bereits um ca. 30.000 v.Chr. bei dem frühen Homo sapiens in Eurasien die Vorstellungen über einen Sonnen-Wal gegeben.

Da Java, Borneo, Sumatra, Australien und die anderen Inseln vor der Küste von Südostasien um 40.000-30.000 v.Chr. mit einfachen Schiffen besiedelt wurden und die damaligen Menschen daher das Meer und auch die Wale gekannt haben werden, ist eine derart frühe Wal-Mythe durchaus denkbar.

Die häufig vorkommende Vermischung von Riesenschlangen/Drachen und Walen zeigt, daß beide Tiere dieselbe Symbolik gehabt haben werden: die Toten bzw. der tote Sonnengott in der (Wasser-)Unterwelt.

7. Der Seehund

Über den Seehund sind nur wenige mythologische Eigenschaften bekannt.

7. a) Neunkräuter-Zauberspruch

In diesem Zauberlied findet sich der deutlichste Hinweis auf eine mythologische Bedeutung des Seehundes:

Dies ist das Kraut, das Nessel heißt;
das entsandte der Seehund über den Rücken der See
zur Hilfe gegen die Bosheit von einem anderen Gift.
Es steht gegen Schmerz, widersetzt sich dem Gift,
es hat Macht gegen 3 und gegen 30,
gegen die Hand des Feindes und gegen unheilvolle Machenschaften,
und gegen Behexung gemeiner Wesen.

Zunächst einmal ist es recht merkwürdig, daß ein Seehund eine Nessel irgendwohin sendet.
Über die Nessel wird in diesen Versen folgendes gesagt:

- Sie wirkt homöopathisch: Schmerz löst Schmerz auf, Gift heilt Gift.
- Sie ist mit der Zahl 3 und der Zahl 30 verbunden, was ein Hinweis auf den Sonnenzyklus ist – falls die „3" und die „30" als die „große 3" hier nicht schon einfach als unspezifische magische Zahl anzusehen sind.

Über den Seehund erfährt man hier nur, daß er hilfsbereit ist und daß er nicht an dem Ufer des Landes wohnt, an dem die Menschen wohnen, da er die Nessel „über den Rücken der See" senden muß – ist dies ebenfalls ein Hinweis auf das Jenseits?
Dieser Seehund erinnert ein wenig an Heimdall als „die gute Robbe" im Kampf gegen Loki.

7. b) Die Saga über Thorsteinn Hausmacht

In dieser Saga wird das glühende Eisenstück, mit dem sich Thor und Geirröd bei ihrem Kampf gegenseitig bewerfen, mit dem Kopf eines Seehundes gleichgesetzt.

Dies erinnert an den Kampf zwischen Heimdall und Loki in der Gestalt von Seehunden.

Sonnenkopf-Mann (Tyr) und Alcis Sutton Hoo, England, va. 650 n.Chr.

Vermutlich ist der ehemalige Sonnengott-Göttervater nicht nur als Wal, sondern auch als Seehund angesehen worden – dann wäre der „glühende Seehundkopf" das Sonnenhaupt des Tyr und würde dessen Goldhelm und den goldenen Zähnen des Tyr-Heimdall entsprechen.

Dieses Sonnenhaupt ist auch auf einem Beutelverschluß dem Schiffsgrab von Sutton Hoo (ca. 650 n.Chr.) bekannt. Auf diesem Verschluß ist sehr wahrscheinlich Tyr mit Sonnenhaupt und mit seinen beiden Wölfen, die die Kriegergestalt seiner beiden Alcis-Söhnen sind, zu sehen.

Die Deutung der kleinen Striche um das Haupt des Mannes aus Sutton Hoo als Strahlenkranz ist jedoch nicht ganz sicher – vielleicht sind es auch stilisierte Haare, die dann jedoch ungewöhnlich kurz wären und nicht wie z.B. bei den Männern auf den in etwa zur selben Zeit hergestellten Brakteaten mehr als schulterlang.

In der Saga über Thorstein Haus-Macht wird das folgende berichtet:

Neben Jarls Agdi waren zwei Männer, die Jokull und Frosti genannt wurden.

„Jokull" bedeutet „Eiszapfen, Gletscher" und Frosti" bedeutet „Frostiger, Eisiger". Sie sind beide auch aus anderen Sagas als Riesen bekannt.

Sie waren neidisch auf Godmund. Jokull griff einen Stierknochen und warf ihn auf Godmunds Männer. Thorstein sah dies und ergriff ihn im Flug und warf ihn zurück und er traf Gustar mitten im Gesicht, sodaß seine Nase brach und ihm alle Zähne ausgeschlagen wurden und er ohnmächtig niederfiel.

Thorsteinn ist unsichtbar mit zu dem Fest gekommen.
Der Name „Gustar" bedeutet „kalter Windstoß" (englisch „gust"). Er gehört offenbar zu derselben Riesen-Sippe wie Jokul und Frosti.

König Geirröd wurde wütend und frug, wer dort Knochen über die Tafel warf. Er sagte, daß sie, bevor alles vorüber sei, herausfinden würden, wer der Stärkste im Steinewerfen sei.

Der König rief zwei Männer, Drott und Hosvi, herbei und sagte zu ihnen: „Geht und nehmt meine Goldkugel und bringt sie herbei."

Der Name „Drott" bedeutet „Kriegerschar, Gefolge" und der Name „Hosvi" bedeutet vermutlich „Haus-Priester" oder „Ergrauter".

Sie gingen fort und kehrten mit dem Kopf eines Seehundes zurück, der zehn Fjortunge wog. Er glühte und sprühte Funken wie eine Schmiede-Esse und aus ihm troff Fett wie glühendes Pech heraus.

Leider ist nicht bekannt, wieviel Gramm einem Fjortung („Vierzehner") entsprechen.

Der König sagte: „Nehmt nun diese Kugel und werft sie einander zu. Wer sie fallenläßt, soll ein Ausgestoßener werden und all seine Besitztümer verlieren, und jeder, der nicht teilzunehmen wagt, soll ein Feigling heißen."

Da warf Dottur die Kugel zu Fullsterk. Er schnappte ihn mit einer Hand. Thorsteinn sah, das ihm seine Kraft nicht reichte und griff nach dem Ball. Sie warfen ihn zu Frosti, der am weitesten von der Bank der Krieger entfernt saß.

Die „Krieger" sind Godmund und sein Gefolge.
Thorsteinn hilft nun unsichtbar den Männern des Godmund.

Frosti fing die Kugel mit mächtiger Kraft auf, aber sie kam seinem Gesicht so nahe, daß sein Wangenknochen brach. Er warf die Kugel nach Allsterk.

Dieser fing sie mit beiden Händen, aber er hätte sich nach hinten übergebeugt, wenn Thorsteinn ihm nicht geholfen hätte.

Allsterk warf die Kugel schnell nach Jarl Agdi, der sie mit beiden Händen auffing. Fett tropfte in seinen Bart und setzte ihn in Brand, weshalb er ihn schnell loswerden wollte und ihn nach König Godmund warf.

Godmund wiederum warf ihn nach König Geirröd. Er wich ihm aus und die Kugel traf Frottur und Hosvir und tötete beide. Die Kugel flog durch ein Glasfenster und hinaus in den Graben, der rings um die Stadt gezogen worden war. Dort loderten nun Flammen empor.

Das Spiel war vorbei.

Das Hin- und Herwerfen des glühenden Eisens zwischen Thor und Geirröd ist hier zu einer längeren Szene ausgebaut worden.

Thors Wurf des Eisenstückes durch eine Säule in der Halle des Geirröd erscheint in der Thorsteinn-Saga als Wurf der Kugel durch ein Fenster der Halle.

7. c) Die Saga über die Siedler von Eyre

Eines Abends, als die Männer beim Mahlzeit-Feuer saßen, hörten sie, wie der Stockfisch aus dem Fellbeutel gerissen wurde, doch als sie nachsahen, konnten sie dort nichts finden.

Doch im Winter kurz vor Jul fuhr der Bauer Thorod wegen der Stockfische hinaus nach Ness. Sie waren zu sechst in einem Zehn-Ruderer und blieben die Nacht über draußen.

In derselben Nacht, in der Thorod von daheim fortgegangen war, geschah es in Frodis-Wasser als die Mahlzeit-Feuer entzündet worden waren und sich die Männer in der Halle versammelten, daß sie den Kopf eines Seehundes durch den Fußboden der Feuer-Halle emporkommen sahen.

Eine der Frauen aus dem Haus kam als erste dort vorbei und sah, was dort geschah. Sie nahm eine Keule, die in der Eingangskammer lag, und schlug sie auf den Kopf des Seehundes, doch der Seehund erhob sich wieder nach diesem Schlag und blickte auf Thorgunnas Lagerstätte.

Thorgunna ist eine Frau, die auf diesem Hof lebte.

Dann trat ein Hausknecht hinzu und schlug auf den Seehund, aber bei jedem Schlag reckte sich dieser noch weiter empor, bis er schließlich bis zu den Schwanzflossen aus dem Boden emporgekommen war. Da wurde der Hausknecht ohnmächtig und alle, die in der Nähe standen, wurden von einer gewaltigen Furcht gepackt.

Da kam der Bauernjunge Kiartan herbei und nahm einen großen Schmiedehammer und schlug ihn auf den Kopf des Seehundes und obwohl dies ein heftiger Schlag war, schüttelte der Seehund bloß seinen Kopf und blickte um sich. Aber Kiartan schlug eins um andere Mal zu, bis der Seehund wieder versank – gerade so, als wenn man einen Pflock in den Boden hämmern würde. Doch er schlug weiter auf den Seehund ein, sodaß dieser so tief versank, daß Kiartan schließlich den Boden über dem Kopf des Seehundes niederhämmerte.

Diese Seehund-Szene zeigt, daß der Seehund mit dem Jenseits assoziiert worden sein muß. Möglicherweise ist auch diese Szene auf die Vorstellung, daß der ehemalige Sonnengott-Göttervater Tyr in der Wasser-Unterwelt zu einem Seehund wird, zurückzuführen.

Eine ähnliche Szene findet sich im Hrungnir-Lied, in dem Thors Diener-Priester Thialfi den Tyr-Riesen Hrungnir dadurch überlistet, daß er ihm sagt, Thor würde ihn aus der Erde heraus angreifen – was eine Umdeutung der Rückkehr der Sonne (Tyr) aus der Erde ist.

Und wegen all diesen vielen Vorzeichen fürchtete Kiartan am meisten, was wohl noch geschehen möge.

Es hatte zuvor schon andere Omen wie z.B. „Blut-Regen" gegeben.

An dem Morgen, nachdem Thorod und seine Männer westwärts von Ness aus fort-geрudert waren, gingen sie alle vor Enni verloren – das Schiff und die Fische wurden in Enni an den Strand getrieben, aber die Leichen wurden nicht gefunden.

Als diese Neuigkeit in Frodis-Wasser bekannt wurden, baten sie alle ihre Nachbarn zum Totentrunk und sie nahmen ihr Jul-Bier und nahmen es für den Totentrunk.

Doch an dem ersten Abend, als die Männer zu dem Fest gekommen waren und sich auf ihre Plätze gesetzt hatten, kam der Bauer Thorod und seine Gefährten in die Halle – alle von ihnen triefnaß.

Die Männer begrüßten Thorod voller Freude und sahen dies als ein gutes Zeichen an, denn sie alle hielten es nun für gewiß, daß diese Männer eine gute Zeit bei Ran verbrachten, wenn sie, obwohl sie im Meer ertrunken waren, zu ihrem eigenen Totentrunk kamen. Denn in jenen Tagen war noch wenig von dem alten Glauben abgelegt worden, obwohl die Männer getauft worden und dem Namen nach Christen geworden waren.

Die Erscheinung des Seehundes ist offensichtlich ein Todesomen gewesen, da er zu der Zeit aufgetaucht ist, als die Männer ertrunken sind.

7. d) Personennamen

Interessanterweise gibt es den Männernamen *„Selshöfud"*, der „Seehund-Kopf" bedeutet und eigentlich nur als Anspielung auf eine Mythe erklärlich ist, denn es handelt sich bei diesem Namen nicht um einen Beinamen oder Spottnamen.

Der „Seehundkopf" muß also einmal etwas gewesen sein, das in irgendeiner Weise eine wünschenswerte Qualität gehabt hat.

Wenn das „Sonnenhaupt" des Tyr, das auch als Tyrs Goldhelm (den ihm Odin geraubt hat) und als Tyr-Heimdalls goldene Zähne erscheinen, tatsächlich allgemein auch als „glühender Seehundkopf" bezeichnet worden ist, dann würde der Männername „*Selshöfud*" die Bedeutung „*Sonne*" oder „*Sonnengott*", d.h. „*Tyr*" haben – was ein ausgesprochen vornehmer Name wäre.

„*Selshöfud*" ist der einzige germanische Personenname, der mit „*Sel*" („Seehund", englisch „seal") gebildet worden ist – ein „*Selshöfud*" muß also etwas Besonderes gewesen sein.

7. e) Saga über Ketil Forelle

In dieser Saga findet sich eine Seehund-Redewendung in Versform:

Ich würde auf einer Insel nichts
mit Seehunden versuchen,
wenn auf dieser Insel
Adler leben."

Eine Seehund-Zucht auf einer Insel zu beginnen, auf der die Seehunde von den dort lebenden Adlern gefressen werden, ist ein Bild für ein völlig unsinniges Vorhaben.

7. f) Saga über König Sverri

Auch in dieser Saga findet sich ein solches Seehund-Sprichwort:

„*Dies geschieht häufig auf See,*" sagte der Seehund, als er ins Auge geschossen wurde.

Derartige sarkastische Kommentare schätzten die Germanen offenbar sehr – so sagt z.B. ein Wikinger, als man ihm im Kampf den Unterkiefer abgeschlagen hatte, daß ihn nun die Mädchen wohl nicht mehr so gerne küssen werden.

Das Seehund-Bild stammt vermutlich aus der Seehundjagd – das Fell eines Seehundes, der durch einen Pfeilschuß ins Auge getötet worden war, hatte ein unbeschädigtes Fell.

Diese Form des Sprichwortes, also der Kommentar eines Tieres zu einer Handlung, scheint recht beliebt gewesen zu sein, da es dafür mehrere Beispiele gibt, die alle grammatisch gleich aufgebaut sind. Es wäre denkbar, daß sich diese Art von Redewendung auf Fabeln bezog, die man sich erzählte – aber das ist ungewiß, da keine solche Fabel bekannt ist.

7. g) Nials-Saga

In dieser Saga findet sich eine Redewendung, die wie die beiden vorigen auch keinen erkennbaren mythologischen Hintergrund hat.

Er schwamm wie ein Seehund.

Heute würde man im Deutschen sagen: „Er schwimmt wie ein Fisch."

7. h) Ortsnamen

Im Landnahme-Buch sind einige isländische Ortsnamen verzeichnet, die mit „Seehund" gebildet worden sind. Alle diese Ortsnamen haben einen einfachen „natürlichen" Ursprung:

Seläyri	= Seehund-Insel
Selalon	= Seehund-Bucht
Selasund	= Seehund-Meeresenge
Selardalr	= Seehund-Flußtal
Selfors	= Seehund-Stromschnellen
Selsläkur	= Seehund-Fluß
Seltjarnarnes	= Seehund-Teich-Landzunge
Selvagr	= Seehund-Bach
Seal-creek	= Seehund-Bach

7. i) Der Seehund in der indogermanischen Überlieferung

Seehunde leben in den gemäßigten arktischen Meeren und gehören daher nicht zu der Fauna des Bereiches nördlichen des schwarzen Meeres und des Kaspischen Meeres, in dem die Indogermanen einst gelebt haben.

Seehunde kommen daher nur im Lebensbereich der Germanen und der Kelten vor. In der keltischen Mythologie spielen sie jedoch keine Rolle.

Bei den Germanen haben sie ihre Stellung in den Mythen vor allem dadurch erhalten, daß die Germanen das Jenseits als eine Schäre, d.h. als eine während der Flut überspülte Sandbank oder flache Felseninsel aufgefaßt haben und diese Schären eine beliebter Aufenthaltsort für Seehunde sind.

71

7. h) Zusammenfassung

Der Seehund ist wie der Wal eine Gestalt des ehemaligen Sonnengott-Göttervaters Tyr in der Wasserunterwelt.

Sein Kopf wurde als die Sonne angesehen. Aus dieser Vorstellung erklärt sich auch der „glühende Seehundkopf" des Tyr-Geirröd und der Männername *„Selshöfud"*, der „Seehundkopf" bedeutet.

Als Jenseits-Gestalt des ehemaligen Sonnengott-Göttervaters Tyr konnte der Seehund den Menschen auch Heilmittel bringen.

8.   Die Robbe

Robben werden in den Mythen nur an einer einzigen Stelle erwähnt.

8. a)   „Urka"

Der germanische Name „urka" für die Robbe stammt von dem indogermanischen Verb „arek" für „verschließen" ab und ist auch eine Bezeichnung für die Grabkammer des Hügelgrabes, für die Totengeister und für den Totengott – der Totengott schließt die Toten in ihrer Grabkammer bzw. in der Unterwelt ein.

Die Benennung der Robben als „Orca" liegt darin begründet, daß die Nordgermanen die Toten in der Wasserunterwelt als Fische bzw. Robben und Wale auffaßten.

8. b)   Skaldskaparmal

Snorri Sturluson berichtet in der Edda über einen Kampf zwischen Heimdall und Loki, bei dem die beiden die Gestalt von Robben annehmen:

„Wie soll man Heimdall umschreiben?"

„Indem man ihn 'Sohn von neun Müttern' oder 'Wächter der Götter' nennt, wie bereits geschrieben wurde; oder 'Weißer Gott', 'Feind des Loki', 'Sucher von Freyas Kette'.

... ...

Heimdall ist der Besitzer des Gulltop („Goldmähne"). Er wird auch „Besucher von Vagasker („Wogen-Schäre") und Sing-Stein" genannt, wo er mit Loki um die Kette Brisingamen kämpfte. Er wird auch „Vindler" („Wind-Erzeuger" = Tyr-Adler) genannt.

Ulfr Uggason verfaßte in der Husdrapa ein langes Gedicht über diese Geschichte und dort wird geschrieben, daß sie die Gestalt von Robben hatten. Heimdall ist auch ein Sohn des Odin."

Der Ase Heimdall ist aus einem Beinamen des Tyr entstanden. Die Robben-Gestalt des Heimdall entspricht somit der Seehund-Gestalt und der Wal-Gestalt des Tyr. Heimdalls goldene Zähne entsprechen dem „glühenden Seehundkopf" (Sonne) des Tyr.

8. c)   Robben in der indogermanischen Überlieferung

Robben leben in den gemäßigten arktischen und antarktischen Meeren. Sie kommen daher nur im Lebensbereich der Germanen und der Kelten vor, spielen aber in der keltischen Mythologie keine Rolle.

8. d)   Zusammenfassung

Der Kampf zwischen Heimdall und Loki um Freyas goldenen Halsreif Brisingamen wird eine Variante des Kampfes zwischen Tyr und Loki gewesen sein, der auch als ein Streit um die Göttin Freya angesehen worden ist.

Die Robben-Gestalt der beiden Götter läßt vermuten, daß dieser Kampf an der Grenze zur Wasserunterwelt stattgefunden hat, wozu ja auch der Kampfplatz auf einer Schäre (flache Insel) gut paßt. Diese Insel könnte die Jenseitsinsel sein.

Eine spätere Variante dieses Motivs ist die Jagd der Asen nach Loki, bei der dieser die Gestalt eines Lachses annimmt und in einen Fluß springt.

Ein Unterschied zwischen der Symbolik der Seehunde und der Robben ist nicht erkennbar.

9. Die Seekuh

Die Seekuh erscheint nur einmal in der Gesta danorum.

9. a) Gesta danorum

Die Gestalt der Toten im Jenseits muß aufgrund der Symbolik der Wiederzeugung und der Wiedergeburt mit der Gestalt der Muttergöttin übereinstimmen. Da Tyr-Heimdall und Loki im Jenseits die Gestalt von zwei Robben haben, sollte auch Freya selber in dieser Heimdall-Loki-Mythe die Gestalt einer Robbe gehabt haben.

In der „Gesta danorum" („Geschichte der Dänen") des Mönches Saxo der Schriftkundige findet sich eine indirekte Bestätigung für diese Vermutung.

Dort stirbt der König Frode einen recht seltsamen Tod durch eine Seekuh, in die sich eine Zauberin verwandelt hat, die die Göttin Freya ist. Dieser König Frode ist eine Übertragung des Gottes Freyr (Freyas Bruder) in den Bereich der Saga.

In der Saga über König Frode finden sich auch viele andere Elemente, die Umdeutungen der alten Tyr-Mythen sind wie z.B. die Fahrt (Jenseitsreise) zu einem Schatz auf einer Insel (Jenseits), der von einem Drachen bewacht wird.

Das Lebensende des Frode nahte, als eine alte Frau, die Hel-Freya ist, nach einem der Schätze des Königs Frode trachtet: seinem goldenen Ring, der ein Jenseitsreisesymbol ist. Dieser Ring ist der Halsreif Brisingamen der Freya.

Inzwischen kam eine gewisse alte Frau, die in der Zauberkunst erfahren war und die mehr in ihre Künste vertraute als daß sie die Strenge des Königs fürchtete, und stachelte die Begierde ihres Sohnes nach dem Schatz an. Sie versicherte ihm Straflosigkeit, da der König fast schon an dem Tor des Todes stand, sein Leib schwach und die Überreste seines altersschwachen Geistes kraftlos waren.

Er stellte dem Rat seiner Mutter die Größe der Gefahr gegenüber, aber sie gebot ihm, Hoffnung zu fassen und erklärte, daß entweder eine Seekuh ein Kalb haben sollte oder daß die Rache des Königs durch irgendeine andere Fügung vereitelt werden solle. Durch diese Rede vertrieb sie die Ängste ihres Sohnes und ließ ihn ihr gehorsam sein.

Als die Tat getan war, wurde Frode, von dem Angriff getroffen, von der größten Hitze und Wut erfüllt und ließ das Haus der alten Frau niederreißen und sandte Männer aus, um sie gefangenzunehmen und sie mit ihren Kindern herbeizubringen.

Dies hatte die Frau vorhergesehen und täuschte ihre Feinde mit einer List, indem sie von der Gestalt einer Frau zu der einer Stute wechselte.

*Als Frode herbeikam, nahm sie die Gestalt einer Seekuh an, die an der Küste um-
herzurobben und zu grasen schien. Und sie ließ ihre Söhne wie Kälber von geringerer
Größe aussehen. Dieses Omen erstaunte den König und er befahl, daß sie umringt
und von ihrem Rückweg ins Wasser abgeschnitten würden. Dann verließ er den
Karren, den er wegen der Schwäche seines alten Körpers benutzte und setzte sich
verwundert auf den Erdboden.*

*Aber die Mutter, die die Gestalt des größeren Tieres angenommen hatte, griff den
König mit ausgestreckten Hauern an und durchstach eine seiner Seiten. Diese Wunde
tötet ihn und sein Ende war einer Majestät wie der seinen unwürdig.*

*Seine Krieger, die nach Rache für seinen Tod dürsteten, warfen ihre Speere und
durchstachen die Ungeheuer. Als sie getötet worden waren, sahen sie, daß es Leichen
von menschlichen Wesen mit den Köpfen von wilden Tieren waren: ein Umstand, der
die List mehr als alles andere offenbarte.*

Die Stuten-Gestalt der alten Frau ist die Entsprechung zu dem Opfer-Hengst, mit
dem die Toten bei ihrer Bestattung identifiziert wurden. Die Stute ist in den Wieder-
geburtsvorstellungen die Göttin Freya, die die Jenseits-Geliebte der Toten bei deren
Wiederzeugung ist.

Loki verwandelt sich in der Riesenbaumeister-Mythe anscheinend in Freya selber,
als er in Stuten-Gestalt den Hengst des Tyr-Riesen fortlockte und nach der Vereinigung mit ihm Odins Roß Sleipnir gebar.

Freya hatte somit bei der Wiederzeugung in der „Land-Unterwelt" die Gestalt einer
Stute und auf der „Insel-Unterwelt" die Gestalt einer Robbe oder einer Seekuh. Die
Seekuh-Gestalt der alten Frau (Freya) entspricht der Robben-Gestalt des Heimdall
und des Loki bei deren Kampf um Freyas Brisingamen auf der Singstein-Insel und
der Gestalt des „glühenden Seehundkopfes" der Sonne in der Wasserunterwelt.

Da die Seekuh ein Meerestier ist, ist Freya hier mit Ran identisch.

Die hier übliche Übersetzung „Seekuh" ist nicht ganz sicher, da diese keine großen
Zähne haben (mit der sie Frode tötete) wie z.B. Seelöwen oder Walrosse.

9. b) Zusammenfassung

Der Tod des Königs Frode, der die Saga-Variante des Gottes Freyr ist, durch eine
Zauberin in der Gestalt einer Seekuh legt nahe, daß diese Seekuh-Zauberin
ursprünglich die Göttin Freya gewesen ist – zumal Heimdall und Loki bei ihrem
Kampf um Freyas Halsreif Brisingamen die Gestalt von Robben angenommen haben
und die Sonne als Haupt des Tyr auch als „glühender Seehundkopf" angesehen
wurde.

10. Das Walroß

Das Walroß hat dieselbe Symbolik wie der Seehund, die Robbe und die Seekuh.

10. a) Der Name „Walroß"

Das altnordische Wort für „Walroß" lautete „rosmhvalr". Das erste Wort geht auf das isländische „hross" für „Roß, Pferd" zurück. Der zweite Bestandteil dieses Namens „hvalr" bedeutet „Wal".
Die Variante „rostungr" bedeutet „Nachkomme des Rosses".
Das deutsche Wort „Walroß" entspricht somit genau dem germanischen „Roß-Wal".

10. b) Cormac-Saga

In der Cormac-Saga verwandelt sich eine Zauberin in ein Walroß.

Die Brüder hatten gerade erst ihren Ankerplatz verlassen, als ganz nah bei ihrem Schiff ein Walroß auftauchte. Cormac warf eine Stange mit Enterhaken nach ihm und traf das Tier, daß daraufhin wieder versank. Die Männer an Bord jedoch waren der Meinung, daß sie die Augen von Thorveig der Zauberin erkannt hatten.
Das Walroß tauchte nicht wieder auf, aber für Thorveig war es sehr schmerzlich, daß sie tödlich verwundet war – und tatsächlich sagen die Leute, daß dies ihr Ende war.

10. c) Die Saga über Halfdan Eysteinn-Sohn

Der Finnenkönig Fidr sah das und verwandelte sich selber in ein Walroß und sprang auf die Männer, die gegen ihn kämpften. Da waren fünfzehn Männer unter ihm und alle wurden getötet. Der Hund Selsnautr („Seehund-Schnauze") rannte auf ihn zu und zerriß ihn mit seinen Zähnen, aber das Walroß riß seine Kiefer in Stücke. Der Hund Selsnautr sprang in das Maul des Walrosses und den ganzen Weg hinab in seinen Bauch und riß sein Herz heraus. Dann lief er wieder hinaus und stürzte tot nieder.

10. d)   Saga über Erik den Roten

In der Saga über Erik den Roten besitzt eine Seherin ein Messer mit einem Griff aus dem Stoßzahn eines Walrosses. Dieses Messer scheint jedoch kein Ritual-Gegenstand zu sein.

Am Abend wurden die Tafeln bereitet und nun muß ich euch berichten, welche Speisen für die Seherin bereitet wurden. Sie machten ihr einen Pudding aus Ziegenmilch und sie brieten die Herzen von allen lebenden Wesen, die dort waren. Sie hatte einen bronzenen Löffel und ein Messer mit einem Griff aus einem Walroß-Stoßzahn, der von zwei Bronze-Ringen gekrönt war und dessen Spitze abgebrochen war.

10. e)   Die Saga über Hallfredr Ärger-Skalde

„Er muß noch immer seine Gewohnheit beibehalten haben, heimlich zu opfern – er trägt ein Thor-Amulett aus Walroß-Bein in seiner Geldtasche."

10. f)   Zusammenfassung

Die Zauberin Thorveig und der Finnenkönig Fidr konnten sich in ein Walroß verwandeln.

Das Walroß ist wie der Wal, der Seehund, die Robbe und die Seekuh die Gestalt der Jenseitsgöttin in der Wasserunterwelt (Ran) sowie des Tyr und des Loki im Jenseits gewesen, die sich dort mit der Jenseitsgöttin vereinten, um von ihr wiedergeboren zu werden.

III   Wasserliebende Landsäugetiere

11.   Der Otter

Der Otter teilt als Wassertier die Symbolik von Seehund und Robbe.

11. a)   Skaldskaparmal

„Aus welchem Grund wird das Gold auch das 'Wergeld für den Otter' genannt?"
„Es wird erzählt, daß drei der Asen ausführen, die Welt kennenzulernen: Odin, Loki und Hönir. Sie kamen zu einem Fluß und gingen an ihm entlang bis zu einem Wasserfall, und bei dem Wasserfall war ein Otter, der hatte einen Lachs gefangen und aß ihn blinzelnd.

Das Wasser könnte ein Hinweis auf die Wasserunterwelt sein – zumal dort im Folgenden ein Mensch, der sich in ein Wasertier verwandelt hat, stirbt.

Da hob Loki einen Stein auf und warf nach dem Otter und traf ihn am Kopf. Da rühmte Loki seine Jagd, daß er mit einem Wurf Otter und Lachs erjagt habe.

Odin Loki und Hönir sind eine häufig auftretende Götterdreiheit, von der es eine ganze Reihe von Variationen gibt. Sie stellen die drei Stände dar.

Darauf nahmen sie den Lachs und den Otter mit sich. Sie kamen zu einem Gehöft und traten hinein, und der Bauer, der es bewohnte, hieß Hreidmar und war ein gewaltiger Mann und sehr zauberkundig. Da baten die Asen um Nachtherberge und sagten, sie hätten Mundvorrat bei sich, und zeigten dem Bauern ihre Beute.
Als aber Hreidmar den Otter sah, rief er seine Söhne Fafnir und Regin herbei und sagte, ihr Bruder Otr war erschlagen, und auch, wer es getan hätte. Da ging der Vater mit den Söhnen auf die Asen los, sie griffen und banden sie und sagten, der Otter wäre Hreidmars Sohn gewesen. Die Asen boten Lösegeld soviel als Hreidmar selbst verlangen würde, und das wurde zwischen ihnen vertragen und mit Eiden bekräftigt.

Der Name „Hreidmar" des Vaters der drei Brüder setzt sich aus „hreidr" für „flechten, Nest, Heim" und „marir" für „berühmt" zusammen. Der Name bedeutet somit in etwa „berühmte Wohnstatt". Falls dieser Name das Wesen des Hreidmar beschreiben soll, müßte er entweder ein König sein oder ein anderes mythologisch wichtiges Heim wie z.B. die Unterwelt besitzen.

Der Hinweis, daß Hreidmar „gewaltig und zauberkundig" sei, spricht dafür, daß er ein Zwerg ist, da diese in der Regel die zauberkundigen Wesen sind. Da der Name von Hreidmars Sohn „Regin" („König") darauf hinweist, daß auch Regins Vater Hreidmar ein König ist, wäre dieser somit ein Zwergenkönig. Er entspräche dann dem Schmied Wieland, der „Albenkönig" genannt wird. Beide Titel gehören zu dem Göttervater Tyr/Odin in der Unterwelt, den nur dieser ist der König im Jenseits.

Dies würde auch die Macht des Hreidmar erklären, durch die er die drei Asen binden und von ihnen Lösegeld verlangen kann. Diese Szene stammt vermutlich aus der Zeit, als Odin den ehemaligen nordgermanischen Göttervater Tyr abgesetzt hat, da die Geschichte damit endet, daß Hreidmar und seine drei Söhne allesamt sterben.

Der Männer- und später Drachenname „Fafnir" bedeutet „Umarmer/Festhalter". Es stellt sich bei diesem Namen natürlich die Frage, was Fafnir umarmt. Da er als Drache auf der „Geizheide" auf seinem goldenen Hort liegt und ihn bewacht, wird es wohl dieser Schatz sein, den er „umarmt".

Auch der dritte Bruder hat einen beschreibenden Namen: „Otter".

Da wurde der Otter abgezogen, und Hreidmar nahm den Balg und sagte, sie sollten den Balg mit rotem Gold füllen und ebenso von außen hüllen, und damit sollten sie Frieden kaufen. Da sandte Odin den Loki nach Schwarzalfenheim und er kam zu dem Zwerg, der Andwari hieß und ein Fisch im Wasser war. Loki griff ihn mit den Händen und heischte von ihm zum Lösegeld alles Gold, das er in seinem Felsen hatte. Und als sie in den Felsen kamen, trug der Zwerg alles Gold hervor, das er hatte, und das war ein gar großes Gut.

Die Schwarzalfen sind die Zwerge.

Der Name „Andwari" bedeutet „Antworter" im Sinne von „Rächer" – damit ist die Rache des Tyr an Loki gemeint, der ihn in jedem Herbst tötet.

Der „Felsen" ist das Hügelgrab des Tyr-Andwari. Das Gold in diesem Felsen ist der Grabschatz.

Da verbarg der Zwerg unter seiner Hand einen kleinen Goldring: Loki sah es und gebot ihm, den Ring herzugeben. Der Zwerg bat, ihm den Ring nicht abzunehmen, weil er mit dem Ring, wenn er ihn behielte, sein Gold wieder vermehren könne.

Aber Loki sagte, er solle nicht einen Pfennig übrig behalten, nahm ihm den Ring und ging hinaus.

Da sagte der Zwerg, der Ring solle jeden, der ihn besäße, das Leben kosten. Loki versetzte, das sei ihm ganz recht und es solle gehalten werden nach seiner Voraussage; er werde es aber dem schon zu wissen tun, der ihn künftig besitzen solle.

Hier wird der Goldring, der ursprünglich das Symbol der Sonne und ihrer Wiedergeburt gewesen ist und der später zu Odins Draupnir geworden ist, von einem Wiedergeburts-Ring zu einem Todesfluch-Ring umgedeutet.

Dieser Fluch des Zwerges Andvari könnte sich auch auf die Flüche beziehen, der allgemein auf dem Gold in den Hügelgräbern lag – mit „Verhängnis" ist „Tod" gemeint. Die Grabräuber fürchteten, daß die Totengeister (= Zwerge), die sie beraubten, sich an ihnen mit magischen Mitteln rächten und ihnen den Tod senden würden.

Diese Vorstellung hat sich sehr tief eingeprägt, wie u.a. die Vorstellung über den „Fluch des Pharaos" zeigt, der alle treffen soll, die sein Grab plündern.

Diese Szene ist eine der Wurzeln von Tolkiens Trilogie „Der Herr der Ringe".

Der Kern des „Ring-Fluchs" ist jedoch die Angst vor dem Tod, die dazu geführt hat, daß alle Dinge, die den Toten auf ihrem Weg ins Jenseits helfen sollten, dann, wenn diese Dinge nicht mehr ein Bestandteil des Bestattungsrituals waren, aufgrund der Angst vor dem Tod zu Todesursachen umgedeutet wurden.

Da fuhr er zurück zu Hreidmars Haus und zeigte Odin das Gold, und als er den Ring sah, schien er ihm schön; er nahm ihn vom Haufen und gab das übrige Gold dem Hreidmar. Da füllte er den Otterbalg, so dicht er konnte, und richtete ihn auf, als er voll war. Da ging Odin hinzu und sollte ihn mit dem Gold hüllen.

Der mit Gold gefüllte Otterbalg erinnert an den glühenden Seehundkopf, da Gold fest mit der (glühenden) Sonne assoziiert wurde. Der „goldgefüllte Otter" wird daher mit dem „glühenden Seehundkopf" identisch sein.

Als er das getan hatte, sprach er zu Hreidmar, er solle zusehen, ob der Balg gehörig gehüllt sei.

Hreidmar ging hin und sah genau zu und fand ein einziges Barthaar und gebot auch das zu hüllen, denn sonst wäre ihr Vertrag gebrochen.

Da zog Odin den Ring hervor, hüllte das Barthaar und sagte, hiermit habe er sich nun der Otterbuße entledigt.

Und als Odin seinen Speer genommen hatte und Loki seine Schuhe, daß sie sich nicht mehr fürchten durften, da sprach Loki, es sollte dabei bleiben, was Andvari gesagt hatte, daß der Ring und das Gold den Besitzer das Leben kosten solle, und so geschah es seitdem.

Darum heißt das Gold Otterbuße und der Asen Notgeld."

Speer und Schuhe sind die magischen Gegenstände der beiden Götter: Odins Speer verfehlt nie sein Ziel und kehrt nach dem Wurf immer wieder zu Odin zurück (so wie auch Thors Hammer Mjöllnir) und Loki kann mithilfe seiner magischen Schuhe durch die Luft laufen.

11. b) Das andere Lied über Sigurd Fafnir-Töter

Dieses Lied ist eine der Quellen für den eben angeführten Bericht in Snorri Sturlusons Skaldskarpmal.

Da war zu Hialprek Regin gekommen, Hreidmars Sohn. Er war über alle Männer kunstreich, dabei ein Zwerg von Wuchs. Er war weise, grimm und zauberkundig. Regin übernahm Sigurds Erziehung und Unterricht und liebte ihn sehr.

Er erzählte dem Sigurd von seinen Voreltern und den Abenteuern, wie Odin, Hönir und Loki einst zu Andwaris Wasserfall kamen:

„In diesem Wasserfall war eine Menge Fische. Ein Zwerg, der Andwari hieß, war lange in dem Wasserfall in Hechtsgestalt und fing sich da Speise.

Otr hieß unser Bruder", sprach Regin, „der fuhr oft in den Wasserfall in Otters Gestalt. Da hatte er einst einen Lachs gefangen und saß am Flußrand und aß blinzelnd.

Loki warf ihn mit einem Stein zu Tode. Da dauchten sich die Asen sehr glücklich gewesen zu sein und zogen dem Otter den Balg ab.

Denselben Abend suchten sie Herberge bei Hreidmar und zeigten ihm ihre Beute. Da griffen sie sie mit Händen und legten ihnen Lebenslösung auf: sie sollten den Otterbalg mit Gold füllen und außen mit rotem Golde bedecken.

Da sandten sie Loki aus um das Gold für sie zu sammeln. Er kam zu Ran und erhielt von ihr ihr Netz und ging damit zu den Andvari-Stromschnellen, warf das Netz vor den Hecht und der Hecht schwamm in das Netz und war gefangen.

Da sprach Loki:

„Welcher Fisch aller Fische
schwimmt kräftig in der Strömung,
aber hat nicht den Verstand vorsichtig zu sein?
Dein Haupt mußt Du auslösen,
sonst schicke ich es zur Hel:
Finde für mich die blassen Flammen des Wassers!"

Flammen des Wassers = Gold (die im Meer versunkene Sonne)

Er antwortete:
„Andvari nennt mich das Volk,
nennen meinen Vater Oinn,
durch viele Stromschnellen bin ich gezogen,
denn eine Norne des bösen Schicksals
hat mir in diesem Leben bestimmt,
durch wässrige Wege stets zu waten.“

Loki frug:
„Sage mir, Andwari, wenn Du noch länger
Unter Menschen leben willst:
Welche Strafe erhalten Menschensöhne,
Die sich mit Lügen verletzen?“

Andwari antwortete:
„Harte Strafe erhalten Menschensöhne,
Die in Wadgelmir waten.
Wer mit Unwahrheit den andern belügt,
den schmerzen sehr lange die Strafen.“

Da sah Loki das Gold des Andvari.

Der Männername „*Oinn*“ bedeutet „Furchtsamer“ – ein recht ungewöhnlicher germanischer Name.

„Wadgelmir“ ist eine Furt, über die das Wasser hinwegrauscht: „vad“ bedeutet „waten, Furt“ und „gel“ bedeutet „Gellen, lärmen, laut“. Dies ist einer der Namen für den Jenseitsfluß, der ansonsten auch „Walgelmir“ („Toten-Tosender“), „Gjallar“ („Tosender“) oder „Wimur“ (Wassereicher Fluß“) genannt wird.

Otr Hreidmar-Sohn konnte sich in einen Otter verwandeln und Andvari in einen Hecht. Beide Tiere leben im Wasser und werden daher aus der Jenseitsreise-Symbolik stammen. Vermutlich ist hier „Tyr in der Wasserunterwelt“ gleich in zwei verschiedenen Gestalten (Otter, Hecht) in die neue Odin-zentriete Mythe bzw. in die Saga übertragen worden.

Loki sah all das Gold, das Andwari besaß. Aber als dieser das Gold entrichtet hatte, hielt er einen Ring zurück. Loki nahm ihm auch den hinweg.
Da ging der Zwerg in den Stein und sprach:

'Nun soll das Gold, das Gust hatte,
Zweien Brüdern das Ende bringen
Und der Edelinge acht verderben:
Mein Gold soll keinem zu Gute kommen!'

Die Asen entrichteten dem Hreidmar den Schatz, füllten den Otterbalg und stellten ihn auf die Füße. Da sollten die Asen das Gold darum legen und den Otter hüllen. Aber als es getan war, ging Hreidmar hinzu und sah ein Barthaar und hieß auch das hüllen.

Da zog Odin den Ring Andwara-Naut hervor und hüllte das Haar.

„Andwara-Naut" bedeutet „Geschenk des Andvari". Dies „Geschenk" spielt auf den Raub des Ringes durch Loki an – die Germanen hatten eine Vorliebe für derartige ironische Umschreibungen …

Loki:
'Genug Gold wurde Dir gegeben
ein großes Wergeld hast Du dafür erhalten,
daß ich mein Haupt behalten kann –
aber Dir und Deinem Sohn
ist es nicht bestimmt zu gedeihen:
Möge es das Verderben von euch beiden sein!'

Die Formulierung „Dir und Deinem Sohn" klingt danach, als ob dem Skalden, der diese Verse gedichtet hat, noch bewußt gewesen ist, daß Loki den Tyr in jedem Herbst getötet hat und im folgenden Herbst dann den „Sohn des Tyr", also den wiedergeborenen Tyr.

Hreidmar:
'Gaben gabst Du, doch nicht freundlich,
Gabst nicht aus ganzem Herzen.
Eures Lebens wärt ihr ledig,
Wußt ich diese Gefahr zuvor.'

Loki:
'Noch übler ist, was zu ahnen mich dünkt,
Denn um ein Weib werden Verwandte kämpfen.
Noch nicht geborene Helden
werden sich wegen des Hort hassen.'

Hreidmar:
'Das rote Gold ist mir vergönnt.
Denk ich, so lang ich lebe.
Deine Drohungen fürcht' ich keinen Deut;
Aber hebt euch heim von hinnen.'"

Seit jener Zeit aber wurde Gold auch 'Otter-Wergeld' genannt – aus genau diesem Grunde.

Aus diesem Ring-Fluch ergeben sich die ganzen weiteren Ereignisse in der Völsungen-Saga, in der Siegfried-Sage und im Nibelungen-Lied.

11. c) Völsungen-Sage

Die Verse in dieser Saga hat deren Verfasser aus „Das andere Lied über Sigurd Fafnir-Töter" entnommen.

„Die Geschichte beginnt, " sprach Regin, „Hreidmar war meines Vaters Name – ein mächtiger Mann und ein wohlhabender. Sein erstgeborener Sohn wurde Fafnir genannt, sein zweiter Otter, und ich war der dritte und kleinste von allen sowohl an Kühnheit als auch vom Körperbau, aber ich war geschickt in der Arbeit mit Eisen und Silber und Gold, woraus ich Dinge erschaffen konnte, die schon recht ansehnlich waren.

Regin als Schmied geht offenbar auf Tyr als der Schmied Wieland in der Unterwelt zurück, der dort sein bei seinem abendlichen Tod zerbrochenes Schwert neuschmiedete. Da sich Tyr-Regin als Schmied in der Unterwelt befindet, ist er ein Zwerg, d.h. ein Totengeist.

Mein Bruder Otter hatte eine andere Fertigkeit und er hatte auch eine andere Natur, denn er war ein großer Fischer und übertraf darin alle anderen Menschen, daß er am Tage das Aussehen eines Otters hatte und dann in dem Fluß lebte und brachte die Fische mit seinem Maul an das Ufer und brachte dann seine Beute unserem Vater – und das gefiel ihm gut. Die meiste Zeit verbrachte er in seiner Otter-Gestalt und danach kam er heim und aß alleine und schlief, denn das trockene Land bedeutete ihm nicht viel.

Auch Otter ist Tyr in der Unterwelt: als Otter in der Wasserunterwelt.

Aber Fafnir war bei weitem der stärkste und grimmigste von uns und wollte stets, daß alles nach seinem Willen geschah.

Auch Fafnir ist Tyr in der Unterwelt – diesmal als Drache.

Aus den drei Söhnen des Tyr-Hreidmar sind hier drei Formen des Tyr geworden, da zum einen Odin, Hönir und Loki die Funktion der drei Repeäsentanten der drei Stände übernommen haben und zum anderen Tyr-Hreidmar und seine drei Söhne im Verlauf der Mythe/Saga getötet werden. Hier wird der Wechsel von den Tyr-zentrierten Mythen zu den Odin-zentrierten Mythen beschrieben.

Nun," sprach Regin, *„gab es einen Zwerg, der Andvari genannt wurde, der immer in der Gestalt eines Hechtes in den Stromschnellen lebte, die Andvari-Stromschnellen genannt werden, und hatte dort genug Fleisch für sich selber, denn in dem Wasserfall lebten viele Fische.*

Nun ging Otter wie gewohnt in diese Stromschnellen und bracht Fische an Land und legte sie nebeneinander ans Ufer. Und so kam es, daß Odin, Loki und Hönir, als sie ihres Weges gingen, zu den Andvari-Stromschnellen kamen. Otter hatte gerade einen Lachs gefangen und gegessen und schlummerte nun am Ufer. Da nahm Loki einen Stein und warf ihn auf den Otter, so daß er ihn damit tötete. Die Götter waren mit ihrer Beute sehr zufrieden und begannen dem Otter das Fell abzuziehen.

Am Abend kamen sie zu Hreidmars Haus und zeigten ihm, was sie gefangen hatte, Da ergriff Hreidmar sie und legte ihnen solcherart Wergeld auf: Sie sollten das Otterfell mit Gold füllen und es mit rotem Gold bedecken.

Da sandten sie Loki aus um das Gold für sie zu sammeln. Er kam zu Ran und erhielt von ihr ihr Netz und ging damit zu den Andvari-Stromschnellen, warf das Netz vor den Hecht und der Hecht schwamm in das Netz und war gefangen.

Da sprach Loki:

'Welcher Fisch aller Fische
schwimmt kräftig in der Strömung,
aber hat nicht den Verstand vorsichtig zu sein?
Dein Haupt mußt Du auslösen,
sonst schicke ich es zur Hel:
Finde für mich die blassen Flammen des Wassers!'

Er antwortete:
'Andvari nennt mich das Volk,
nennen meinen Vater Oinn,
durch viele Stromschnellen bin ich gezogen,
denn eine Norne des bösen Schicksals
hat mir in diesem Leben bestimmt,
durch wässrige Wege stets zu waten.'

Loki frug:
'Sage mir, Andwari, wenn Du noch länger
Unter Menschen leben willst:
Welche Strafe erhalten Menschensöhnen,
Die sich mit Lügen verletzen?'

Andwari antwortete:
'Harte Strafe erhalten Menschensöhne,
Die in Wadgelmir waten.
Wer mit Unwahrheit den andern belügt,
den schmerzen sehr lange die Strafen.'

Loki sah all das Gold, das Andwari besaß. Aber als dieser das Gold entrichtet hatte, hielt er einen Ring zurück.
Loki nahm ihm auch den hinweg.
Da ging der Zwerg in den Stein und sprach:

'Nun soll das Gold, das Gust hatte,
Zweien Brüdern das Ende bringen
Und der Edelinge acht verderben:
Mein Gold soll keinem zu Gute kommen.'

Die Asen entrichteten dem Hreidmar den Schatz, füllten den Otterbalg und stellten ihn auf die Füße. Da sollten die Asen das Gold darum legen und den Otter hüllen. Aber als es getan war, ging Hreidmar hinzu und sah ein Barthaar und hieß auch das hüllen.
Da zog Odin den Ring Andwara-Naut hervor und hüllte das Haar.

Loki:
'Genug Gold wurde Dir gegeben
ein großes Wergeld hast Du dafür erhalten,
daß ich mein Haupt behalten kann –
aber Dir und Deinem Sohn
ist es nicht bestimmt zu gedeihen:
Möge es das Verderben von euch beiden sein!'

Hreidmar:
'Gaben gabst Du, doch nicht freundlich,
Gabst nicht aus ganzem Herzen.
Eures Lebens wärt ihr ledig,
Wußt ich diese Gefahr zuvor.'

Loki:
'Noch übler ist was zu ahnen mich dünkt,
Denn um ein Weib werden Verwandte kämpfen.
Noch nicht geborene Helden
werden sich wegen des Hort hassen.'

Hreidmar:
'Das rote Gold ist mir vergönnt.
Denk ich, so lang ich lebe.
Deine Drohungen fürcht' ich keinen Deut;
Aber hebt euch heim von hinnen.'"

11. d)   Das Kreuz von Maughold

Die Szene des Tötens und des Häutens des Otters durch Loki wird auf einem frühen Kreuz auf der Isle of Man dargestellt.

Auf den ersten Kreuzen auf dieser Insel sind mehrfach Szenen aus der germanischen Mythologie und christliche Symbole miteinander kombiniert worden.

Loki tötet Ottr und häutet ihn

Original	*Original mit Nachzeichnung*

Auf dem Kreuz ist rechts unten der hockende Loki zu sehen und vor ihm das ausgebreitete Otterfell.

Oben befindet sich ein nur noch ansatzweise rekonstruierbares, ungefähr kreisförmiges Flechtmuster, das stark verwittert ist und dessen rechte Kante fehlt, da dort ein Teil des Steines abgebrochen ist. Dieses Flechtmuster scheint eher dekorativ als figürlich zu sein – auf jeden Fall stellt es kein Tier, keinen Menschen und keine Pflanze dar. Über Loki Kopf befinden sich möglicherweise zwei „aufgefädelte" Ringe.

Das Motiv links unten ist u.a. auch von den Goldhörnern von Gallehus bekannt. Es stellt möglicherweise einen stark stilisierten Menschen dar, der erkennbar wird, wenn man das Motiv „auffaltet". Falls es sich bei diesem Motiv tatsächlich um den stilisierten Mann handeln sollte, ist die Darstellung entweder ungenau oder die Verwitterung des Steines ist zu weit fortgeschritten, um das Motiv noch klar erkennen zu können.

Auf dem Goldhorn von Gallehus wird der stilisierte Mann von der Zunge einer zusammengerollten Schlange an seinen Genitalien berührt. Dies entspricht genau den

Darstellungen der zusammengerollten Kundalinischlange im untersten Chakra im Yoga.

Aus dieser Darstellung hat sich im Laufe der Zeit das französische Königssymbol der Lilie entwickelt. Der stilisierte Mann ist der Jenseitsreisende, d.h. der König. Wie u.a. die Beschreibungen der Kampfekstase des keltischen Helden Cú Chulain zeigt, hat sich auch in Westeuropa die Kenntnis des „Inneren Feuers" (Kundalini), das auch die Grundlage des indischen Kundalini-Yogas bildet, bis in die historische Zeit hinein erhalten können (siehe dazu auch „Kundalini" in Band 64).

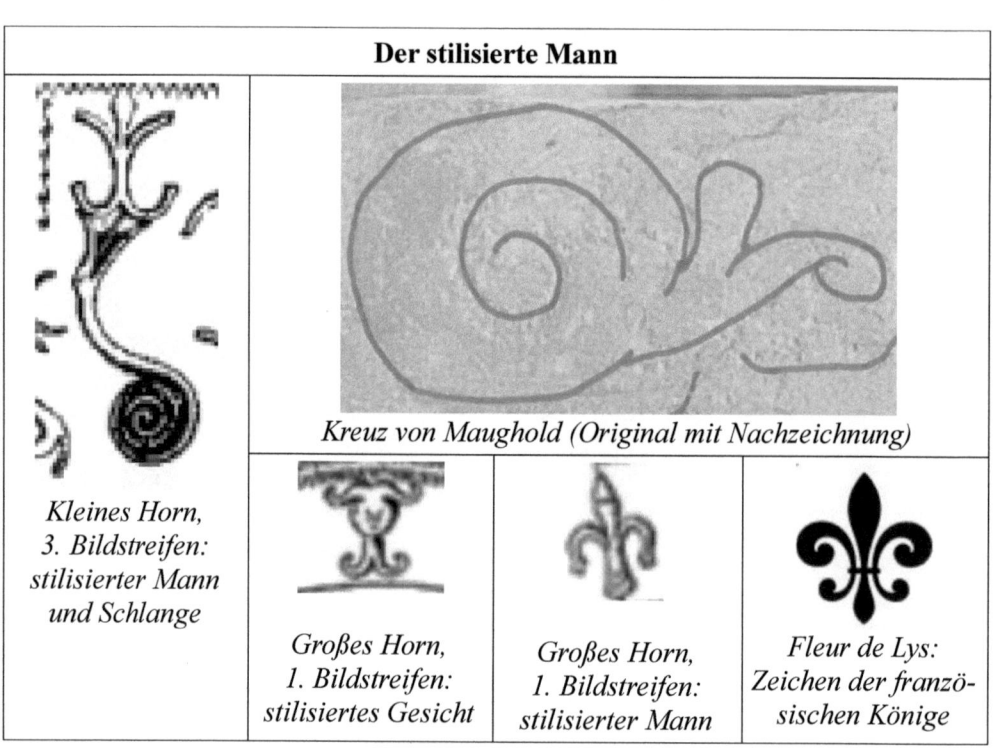

Der stilisierte Mann

Kreuz von Maughold (Original mit Nachzeichnung)

Kleines Horn, 3. Bildstreifen: stilisierter Mann und Schlange

Großes Horn, 1. Bildstreifen: stilisiertes Gesicht

Großes Horn, 1. Bildstreifen: stilisierter Mann

Fleur de Lys: Zeichen der französischen Könige

Die Anbringung dieser Szene auf einem christlichen Kreuz zeigt, daß sie für die Germanen in einem Zusammenhang mit Christus gestanden haben könnte. Für die Verbindung zwischen beiden Szenen kommt am ehesten die Jenseitsreise in Frage. Dies würde bedeuten, daß der Tod des Otr entweder ein ritueller Tod im Zusammenhang mit einer Krönung o.ä. gewesen ist oder daß sein Tod wie der des Baldur das Urbild einer erfolgreichen Jenseitsreise gewesen ist – beides ist letztlich dasselbe.

11. e) Hyndla-Lied

Das Hyndla-Lied verfolgt einen anderen Faden dieser Geschichte: die Jenseitsreise des Ottar – falls der „Otter" aus dem Hyndla-Lied mit dem „Otter" aus der Völsungen-Saga identisch sein sollte, was jedoch recht wahrscheinlich ist, da „Otter" ein recht seltener Name war.

Im Hyndla-Lied besucht Freya ihre Schwester Hyndla, die die Göttin/Riesin Hel ist, um sie nach Walhalla zu holen. Die Szenerie ist schon teilweise von der Mythe in die Saga übertragen worden, wie das Verehren des Odin („Heervater") durch Freya und Hyndla oder das Motiv der Opfergabe der Freya an Thor deutlich zeigen. Auch Hermodr erscheint in diesem Lied nicht wie ein Gott bzw. Odins-Sohn, sondern wie ein irdischer König oder Held, der unter dem Schutz des Odin steht.
Diese Auffassung eines Gottes als eines Königs der Vorzeit entspricht der allgemeinen (christlichen) Deutung der heidnischen Götter um 1200 n.Chr.

Freya:
„Maid, erwache, erwache, meine Freundin,
meine Schwester Hyndla, in Deiner hohlen Höhle!
Die Dunkelheit bricht an und wir müssen reiten
nach Walhalla, um die heilige Halle aufzusuchen.

„Hyndla" bedeutet „Hündin". Ein Riesin in einer Höhle, die diesen Namen trägt und zudem die Freundin-Schwester der Freya ist, kann nur Hel sein. In der Baldur-Mythe kommt Hel unter dem Hyrrokkin („Rußgeschwärzte") auf einem Wolf reitend (ihr Bruder Fenrir), den sie mit einem Schlangen-Zaumzeug (Midgardschlange) lenkt, zu der Bestattung des toten Asen.

Laß uns Heervaters Hilfe suchen –
seinen Gefolgsleuten gibt er gerne Gold;
dem Hermoth gab er Helm und Kettenpanzer
und Sigmund gab er ein Schwert als Geschenk, ...

„Heervater" ist Odin.
„Hermoth" ist sein Sohn Hermodr, den er anscheinend mit Waffen ausstattete – dies wird vermutlich keine Anspielung auf eine unbekannte Mythe sein, sondern einfach das damals übliche Verhalten von Vätern gegenüber ihren heranwachsenden Söhnen.
Sigmund, der Vater von Sigurd/Siegfried, konnte als einziger das Schwert aus dem Eichenstamm in der Völsungen-Halle ziehen, das Odin dort hineingeschlagen hatte. Mit diesem Schwert erschlug später Sigurd den Drachen Fafnir.

... Triumph den einen und Schätze den anderen,
vielen Weisheit und Geschick mit Worten,
guten Wind den Seefahrern, den Skalden ihre Kunst,
und ein mutiges Herz so manchem Helden.

Diese Strophe ist möglicherweise erst später eingeschoben worden.

Dem Thor werde ich Ehre erbieten und ich werde ihn bitten
daß Du immer seine Gunst finden wirst;
auch wenn er die Bräute der Riesen nur wenig liebt.

Diese Strophe hat nur drei Zeilen und es gibt keine Lücke im Original, die auf eine fehlende Zeile hinweisen würde. Der Skalde, der dieses Lied verfaßt hat, hat sich nicht mehr ganz an die alten Regeln der Dichtung gehalten, die eine regelmäßige Verszahl pro Strophe, d.h. in der Regel acht Verse, verlangen.

Führe aus Deinem Stall einen Deiner Wölfe hervor,
und laß ihn neben meinem Eber laufen;
denn langsam geht mein Eber auf den Wegen der Gefallenen
und ich möchte mein gutes Roß nicht erschöpfen.“

Der „Weg der Gefallenen“ ist der Weg der toten Krieger nach Walhalla.
Das „gute Roß“ ist hier eine Heiti für Freyas Eber Hildiswini (Kampfschwein).

Hyndla:
„Du bittest mich mit Falschheit, Freya, zu kommen,
das sehe ich in dem Glanz Deiner Augen;
auf dem Weg der Gefallenen geht Dein Geliebter mit Dir:
Ottar der Junge, Innsteins Sohn.“

Der „Weg der Gefallenen“ ist der Helweg, der vom Diesseits ins Jenseits führt. Die Handlung im Hyndla-Lied spielt also entweder am Abend oder im Herbst, da Tyr (Otter) zu dieser Zeit stirbt.

Anscheinend hat Freya ihren Geliebten in einen Eber verwandelt und gibt diesen nun als ihr Reittier Hildiswini aus.

Es ist denkbar, daß Reiten auf dem Eber auch eine erotische Anspielung gewesen ist. Der Eber und die Bache waren Symbole der Zeugungskraft und der Fruchtbarkeit, die die Toten und anderen Jenseitsreisenden in der Unterwelt bei ihrer Wiederzeugung zusammen mit Freya brauchten. Aus dieser Funktion der Jenseitsgöttin-Geliebten bei der Wiederzeugung heraus ist Freya zur Liebesgöttin geworden.

Eine sexuelle Assoziation der damaligen germanischen Zuhörer dürfte bei dieser Kombination der Göttin Freya und der Verwandlung ihres Geliebten Ottar in einen Eber recht sicher gewesen sein – zumal im Bestattungsritual für den Jenseitsreisenden ein männliches Herdentier geopfert wurde und der Betreffende dann mit diesem Tier identifiziert wurde, indem man ihn in das Fell des Tieres einhüllte. Ottar als Eber befindet sich somit auch dieser Jenseitsreise-Symbolik zufolge gerade auf dem Weg zu den Göttern – auf dem „Weg der Gefallenen".

Falls Ottar mit Otr identisch sein sollte, müßten auch dessen Vater Hreidmar („Heim-Ruhm") sowie Innstein („im Stein") mit dem „alten Tyr im Jenseits" identisch sein.

Innstein ist seinem Namen nach ein Toter in einem Hügelgrab („Stein") und könnte daher durchaus ursprünglich ein Beiname des Tyr im Jenseits gewesen sein. Vielleicht ist auch der Held Innstein aus der Halfs-Saga gemeint.

Freya:
„Mir scheint, Du hast wilde Träume, da Du sagst,
daß mein Geliebter bei mir auf dem Weg der Gefallenen sei:
da strahlt der Eber mit Borsten aus Gold,
Hildiswini, der von den geschickten Zwergen
Dain und Nabbi gefertigt worden ist."

Auch diese Strophe hat eine unregelmäßige Länge.

Dain und Nabbi haben offenbar Hildiswini in derselben Weise angefertigt wie die Zwerge Sindri und Brock den Eber Gullinborsti von Freyas Bruder Freyr. Vielleicht reitet Freya auch den Eber Gullinborsti ihres Bruders und gibt ihn nur für ihr eigenes Tier aus.

Die Szenerie wechselt hier zwischen der vorigen und der folgenden Strophe. Freya und Hyndla sind in Walhalla angelangt und steigen nun von ihren „Rossen", d.h. von ihrem Eber bzw. ihrem Wolf ab.

Freya:
„Laß uns nun von unseren Sätteln steigen
und von den Vorfahren der beiden Helden sprechen,
von den Männern, die von den Göttern droben stammen,
von Ottar dem Jungen und Angantyr,
die um keltisches Metall gewettet haben.

Der Besitz, um den die beiden Könige wetten, wird als „valr" bezeichnet, das

„welsch, keltisch, irisch" bedeutet. Da die beiden Könige Germanen sind, klingt dies sehr nach geraubten Goldschätzen.

Die Verbindung des Ottar mit Angantyr spricht für die Deutung des Ottar als Tyr, da Angantyr das Tyr-Schwert „Tyr-Finger" geerbt hatte (siehe dazu auch „Angantyr" in Band 39).

Wir müssen auf die Schätze seines Vaters achten,
denn der Held ist noch sehr jung,
der nun die Früchte seines Volkes besitzt.

Er hat für mich einen Tempel aus Steinen erbaut
und zu Glas sind die Steine geworden,
die oft von dem Blut von Tieren gerötet wurden –
Ottar vertraute stets in die Göttin.

Die Altarsteine sind durch das auf ihnen geronnene Opferblut wie Glas geworden.

Die „Göttin" ist Freya selber, die diese Verse spricht.

Ottar hat mit Angantyr um einen großen Schatz gewettet und vertraut berechtigterweise darauf, daß Freya ihm helfen wird, diese Wette zu gewinnen, da er ihr einen Tempel erbaut hat und zudem ihr Geliebter ist.

Nun folgen zwanzig Strophen, in dem Hyndla die ganzen Vorfahren des Ottr aufzählt. Da in ihnen nichts Neues über Ottar berichtet wird, sind sie hier ausgelassen worden. Die vollständige Fassung findet sich in dem Band 26 über Hel-Hyndla-Hyrrokkin.

Als nächstes folgt die „Kleine Vision der Seherin". In ihr wird der Kampf zwischen Tyr-Heimdall und Loki beschrieben (siehe den Band 16 über Loki). Da such in diesem Einschub wird nichts über Ottar berichtet wird, ist auch er hier ausgelassen worden.

Immerhin bestätigt dieser Einschub aus den Mythen des Tyr-Heimdall die Deutung des Ottar als einer Variante des Tyr.

Freya:
„Bring nun meinem Eber das Erinnerungs-Bier
damit alle Worte, die Du gesprochen hast,
auch am dritten Morgen von jetzt an noch in Ottars Geist haften,
wenn Ottar und Angantyr über ihre Sippen berichten."

Hyndla:

„So sollst Du von dannen ziehen, denn gerne würde ich schlafen,
Von mir sollst Du wenig Gutes erhalten;
Meine Edle, hinaus in die Nacht wirst Du springen
so wie Heidrun zwischen den Böcken.

Heidrun ist die Ziege, die von den Blättern des Weltenbaumes frißt und die statt Milch den Asen den Göttermet gibt. Da dieser Ziegen-Met mit dem Wasser/Met aus Mimirs Quelle identisch ist, ist es wahrscheinlich, daß mit dem „Erinnerungs-Bier" der Göttermet gemeint ist.

Hyndla scheint nicht bereit zu sein, dem Ottar den Göttermet zu reichen, der, wie im Wegtam-Lied berichtet wird, bei Hel für Baldur bereitsteht. Hel scheint die Hüterin des Mets zu sein.

Zu Odr sollst Du rennen, der Dich immer geliebt hat,
und zu den vielen anderen, die schon unter Deine Schürze gekrochen sind;
Meine Edle, hinaus in die Nacht wirst Du springen
so wie Heidrun zwischen den Böcken."

Dies ist ein etwas derber Hinweis darauf, daß Freya die Wiederzeugungs-Geliebte und anschließend die Wiedergeburts-Mutter aller Toten gewesen ist.

Freya:

„Die Riesin werde ich in Flammen aufsteigen lassen,
sodaß Du fortan nicht unverbrannt reisen wirst."

Diese Flammen werden die Waberlohe sein, die das Diesseits vom Jenseits trennt. Dieses Motiv wird durch den Brandbestattungen entstanden sein. Aufgrund dieses Brauches heißt Hel-Hyndla auch „Hyrrokkin", d.h. „die Rußgeschwärzte".

Hyndla:

„Ich sehe Flammen lodern, die Erde steht in Flammen,
und jeder muß um seines Lebens willen geben, was verlangt wird,
also bring dem Ottar den Bier-Trank –
voller Gift für ein böses Schicksal!"

Hier scheint Hel-Hyndla den Ragnarök vorherzusehen.

Diese Stelle klingt ein wenig wie Hels Forderung an Hermodr, daß sie Baldur nur dann ins Diesseits zurückkehren läßt, wenn alle Wesen um ihn weinen – was Loki zu verhindern weiß.

Freya:
„Deine bösen Worte sollen nichts schlimmes bewirken,
auch wenn Deine schlimmen Drohungen bitter sind;
einen vollen guten Trunk soll Ottar finden,
wenn ich die Hilfe aller Götter erlange.“

Die Stellung des Ottar in diesem Lied entspricht der „fernen Reise“ des Odr, des Mannes der Freya, bei dem es sich vor 500 n.Chr. um Tyr und nach 500 n.Chr. um Odin handelt. Die „fernen fremden Länder“ sind nicht nur bei den Germanen ein beliebtes Symbol für das Jenseits gewesen.

11. f) Die Saga über Thorstein Haus-Macht

In dieser Saga findet sich eine der seltenen Erwähnungen eines Mannes mit dem Namen „Ottar“. Es wird nichts weiter über ihn berichtet als daß er der Großvater der Gudrun ist. Da sich in dieser Saga jedoch sehr viele Motive und Namen aus den Mythen des ehemaligen Göttervaters Tyr stammen, wäre es durchaus denkbar, daß auch der Name „Ottar“ seinen Ursprung in einer dieser Mythen hat – was ja zutreffen würde, wenn Ottar einst ein Beiname des Tyr in der Wasserunterwelt gewesen ist.

Zu dieser Deutung würde auch passen, daß „Gudrun“ in der Völsungen-Saga und im Nibelungenlied die in den halbhistorischen Bereich übertragene Jenseitsgöttin ist.

Thorstein ging zu Gudrun. Sie grüßte ihn und frug nach seinem Namen. Er sagte, daß er Thorstein Haus-Kind genannt wurde und zu dem Gefolge von König Olaf gehöre.

„Die größten bei euch müssen sehr groß sein, wenn Du ein Kind bist,“ sagte sie.

„Willst Du mit mir kommen,“ sagte Thorstein, „und meinen Glauben annehmen?“

„Hier gibt es nicht viel Angenehmes für mich,“ sagte sie, „seit meine Mutter tot ist. Sie war die Tochter von Jarl Ottar von Holmgard und von ihrem Temperament her meinem Vater sehr unähnlich, denn mein Vater ist fast wie ein Troll und ich sehe nun, daß sein Leben verwirkt ist. Wenn Du mich hierhin zurückbringen wirst, werde ich nun mit Dir gehen.“

11. g) Morkinskinna

In dieser Saga findet sich eine Redewendung, die sich auf die Lebensweise der

Otter bezieht und eine enge Situation beschreibt:

„soviel Raum wie ein Otter in einem Wehr haben"

11. h) Kenningar

Die Kenningar, in denen das Wort „Otter" vorkommt, beziehen sich zum größten Teil auf das von den drei Asen für den getöteten Otter gezahlte Lösegeld.

Gold	Otter-Wergeld		die Asen zahlten ein Wergeld für den getöteten Otr	Snorri Sturluson	Skaldskaparmal
					Hattatal
Gold	*unfreiwilliges Otter-Geld*			anonym	Bjarkamal
Gold	*Gold der glänzenden Quelle des Otters*			Kormak	Kormak-Saga
Gold	*Federbett des Otters*	Otter =Schlange = Totengeist; Bett der Schlange = Grabschatz		anonym	Leidarvisan
Meer	*Heim des Otters*			Thorarinn der Lange	Tögdrapa
Schiff	*Otter des Meers*			Mani	(Skaldskaparmal)
Schiff	*Otter der Meereswogen*			Mani	(Skaldskaparmal)
Schiff	*Otter des Van*	Van = Fluß		anonym	Olafs drapa Tryggvasonar

11. i) Der Otter in der indogermanischen Überlieferung

Kelten

Die Otter wurden von den Kelten auch „Wasser-Hund" und „Wasser-Schlange" genannt.

„Buch des Taliesin": Die Zauberin Cerridwen verfolgt in Ottergestalt den Barden-Druiden Taliesin, der sich in einen Fisch (Lachs?) verwandelt hat.

„Der Rinderraub von Cuailgne": Der Held Cú Chulain („Hund des Culann") stirbt letztlich, weil ihn drei alte Frauen dazu verleitet haben, Fleisch von einem „Wasser-Hund" (Otter) zu essen, obwohl dieser sein Totem ist. Da Cú Chulainn der Sohn des Sonnengottes Lugh ist, findet sich auch bei Kelten der Otter als eine der Gestalten der Sonne in der Wasserunterwelt.

„Die Reise des Maelduin": Ein Otter bringen den Seeleuten Lachse zu Essen.

„Die Reise des St. Brendan": Ein Otter bringt einem Einsiedler Lachse zu Essen und holt ihm Feuerholz.

Es ist beachtenswert, daß der Otter bei den Kelten gleich dreimal mit dem Lachs assoziiert wird und diese beiden Tiere auch inder germanischen Völsungen-Saga zusammen erscheinen. Möglicherweise hat das nicht nur etwas mit der Lachsjagd der Otter zu tun – diese Szene könnte auch ein Motiv aus dem Kampf zwischen Tyr (Kelten: Dagda) und Loki sein, bei der Tyr im Frühjahr und Loki (Kelten: Balor) im Herbst der Otter und somit der Sieger ist.

Der Otter-König wird von sieben schwarzen Ottern begleitet und gewährt jeden Wunsch, wenn er gefangen worden ist.

Das Fell eines Otters macht einen Krieger unbesiegbar und schützen ihn vor dem Ertrinken.

Auch dieses Motiv läßt sich am einfachsten dadurch erklären, daß der Otter der Sonnengott ist, denn dieser besitzt aufgrund der eigenen Stärke die Macht, einen Menschen unbesiegbar zu machen.

Außerdem reist der Sonnengott-Göttervater jede Nacht durch die Wasserunterwelt und muß daher wissen, was man tun muß, um nicht zu ertrinken …

Perser

Im Zend-Avesta wird im Fargad 14 eine lange Liste von Opferungen aufgeführt, die derjenige darbringen muß, der versehentlich einen Otter getötet hat, der von den Persern wie von den Kelten „Wasser-Hund" genannt wird.

Dieses Otter-Tabu wird vermutlich ebenfalls auf die Auffassung des Otters als des Sonnengott-Göttervaters in der Wasserunterwelt zurückgehen.

Griechen

Illias 10, 328:
Jener sprach's; doch Hektor erhub den Szepter, und schwur ihm:
„Höre den Schwur, Zeus selber, der donnernde Gatte der Here!
Nie soll jenes Gespann ein anderer lenken der Troer;
Sondern dir verheiß' ich daherzuprangen beständig!"
Also der Held, und beschwur Meineid, und reizete jenen.
Eilend hängt' er darauf das krumme Geschoß um die Schulter,
Hüllete dann sich umher ein graugezotteltes Wolfsfell,
Fügte den Otterhelm auf das Haupt, und faßte den Wurfspieß,
Eilete dann zu den Schiffen der Danaer.

Was es genau mit diesem „Otter-Helm" auf sich hat, ist leider unklar. Möglicherweise liegt hier eine ähnliche Symbolik vor wie bei dem „Schreckenshelm" der Germanen, der ursprünglich ein Symbol der Verwandlung in eine Tier auf der Reise ins Jenseits gewesen ist – bei den Germanen in der Regel ein Drache.

Es wäre durchaus denkbar, daß der Otter auch hier ursprünglich der Sonnengott-Göttervater und der Otter-Helm daher dessen Goldhelm gewesen ist. Dieser Otterhelm würde dann dem „glühenden Seehundkopf" bei den Germanen entsprechen.

Indogermanen

Der Otter ist eine Gestalt des indogermanischen Sonnengott-Göttervaters Dhyaus auf seiner Reise in das Jenseits, in dem von der Jenseitsgöttin wiedergeboren wird. Dieses Jenseits ist eine Insel im Westen – die Jenseitsinsel, die von den Germanen Walaskialf („Toteninsel") und von den Kelten Avalon („Apfelinsel") genannt worden ist.

Der „Otterhelm" entspricht dem Goldhelm des Sonnengott-Göttervaters und auch dem „glühenden Seehundkopf" der Germanen.

Da die Ottersymbolik sowohl bei den west-indogermanischen Germanen und Kelten als auch bei den ost-indogermanischen Persern und Griechen vorkommt, sollte die Otter-Gestalt des Göttervaters ein ursprüngliches indogermanisches Motiv sein.

Man kann sich den indogermanischen Sonnengott-Göttervater Dhyaus in der nächtlichen bzw. winterlichen Wasserunterwelt also als Otter vorstellen.

Es ist sehr gut denkbar, daß diese Otter/Wal-Symbolik um 1800 v.Chr., als der Zweig der Indogermanen, der dann zu den Germanen wurde, in Skandinavien angekommen war, aufgrund der dortigen Fauna um den Seehund, die Robbe, das Walroß und die Seekuh erweitert wurde.

11. j) Otter-Mythen in Asien

China

In China werden Geschichten über Otter erzählt, die sich in schöne junge Frauen verwandeln können.

Japan

In Japan haben die Otter („Kawauso") einen ähnlichen Charakter wie die Füchse („Kitsune") und die Waschbären („Tanuki") – sie spielen den Menschen mehr oder weniger harmlose Streiche.

Sie können sich in schöne Frauen verwandeln und Männer verführen – und sie anschließend manchmal töten und fressen. Die Ähnlichkeit mit der germanischen Hel ist nicht zu übersehen, die von der Wiedergeburts-Göttin zur Todesverursacherin umgedeutet worden ist.

Wenn es den Sonnengott als Otter gegeben hat, sollte aufgrund der Wiederzeugungs- und Wiedergeburts-Symbolik auch die Jenseitsgöttin die Gestalt eines Otter-Weibchens annehmen können.

Es hat den Anschein, als ob diese Symbolik noch von dem Homo sapiens in der späten Altsteinzeit um ca. 40.000 v.Chr. stammen würde, von dem sowohl die Indogermanen als auch die Japaner abstammen.

In späteren Fassungen dieser japanischen Mythen gibt es auch die Vorstellung, daß die Otter als riesige Mönche erscheinen können, die immer größer zu werden scheinen, wenn man sich ihnen annähert. Ob dies einst eine Qualität des Sonnengottes gewesen ist, der aus der Unterwelt zurückkommt?

Ein anderer Scherz dieser Otter ist es, einem Wanderer einen Baum oder einen Felsen als einen Sumo-Ringer erscheinen zu lassen, gegen den der Wanderer dann vergeblich kämpft.

Korea

Wer einen Otter sieht, wird für den Rest seines Lebens Regenwolken anziehen.

11. k) Otter-Mythen bei den Indianern

Westküsten-Stämme in Nordamerika

Bei ihnen ist Otter meistens ein leichtfertiger Trickster, aber bei manchen Stämmen ist er auch treu und aufrichtig.

Stämme in Britisch-Kolumbien und an der Küste von Alaska

Hier wurden die im Inland lebenden Otter als die Seelen der Toten und insbesondere die Seelen von Ertrunkenen angesehen. Auf diesen Land-Ottern lag ein Tötungs-Tabu – eben weil sie die eigenen Ahnen waren. Die Meeres-Otter wurden hingegen gejagt. Der Otter erscheint auch des öfteren auf Totempfählen.

Abenaki

In diesem in Ostkanada und im äußersten Nordosten der USA lebenden Stamm gab es einen Otter-Clan.

Chippewa

Dieser Stamm lebte rings um die vier großen Seen im Nordosten der USA. Der Otter-Clan dieses Stammes hatte den Namen „Nigig". Der Otter muß, da er ein Clan-Tier ist, eng mit den Entstehungsmythen der Chippewas verbunden sein.

Menominee

In diesem südlich der vier großen Seen im Nordosten der USA lebenden Stamm gab es einen Otter-Clan.

Micmac

Der Stamm der Micmac lebte einst im äußersten Südosten Kanadas. Bei ihnen wird über den leichtsinnigen Otter-Trickster erzählt, der den Namen „Keoonik" trägt. Er täuscht, betrügt und beraubt die anderen Tiere im Wald.

Er kämpft oft mit einem zweiten Trickster, der „Ableegumooch" heißt und die Gestalt eines Kaninchens hat.

Wabanaki

In diesem Stamm, der in Südost-Kanada lebt, wird unter anderem eine Geschichte erzählt wie sich der Otter-Trickster Keoonik und der Kaninchen-Trickster Ableegumooch um Nahrung streiten.

Penobscots

In diesem Stamm, der im äußersten Nordosten der USA lebt, wird erzählt, daß der Otter-Trickster Keoonik und der Kaninchen-Trickster Ableegumooch den Stamm einst vor dem Verhungern bewahrt haben.

Ojibwa

In diesem Stamm, der rings um die vier großen Seen im Nordosten der USA lebt, wird erzählt, wie es der Otter-Trickster Keoonik erreicht hat, daß der Bär seinen Schwanz verloren hat.

Assiniboine

In diesem Stamm, der westlich der vier großen Seen in den USA und in Kanada lebt, wird eine Geschichte erzählt, wie der Otter-Trickster Keoonik sein dichtes Fell erlangt hat.

Winnebago

In diesem Stamm, der am Südwestufer des Michigan-Sees lebt, werden viele Geschichten über den Otter-Trickster erzählt, der mit seinen Wassergeister-Freunden in der Wasserunterwelt lebt.

Einst hat Otter den Sterngeist befreit, der von den bösen Wassergeistern entführt worden war. Das klingt ganz so, als ob einst Otter die Sonne aus der Wasserunterwelt zurückgeholt hätte bzw. so, als ob er selber als Otter aus der Wasserunterwelt zurückgekehrt wäre.

Zwei weiße Heilige Otter, die Freunde waren und normalerweise Menschengestalt hatten, haben von dem Grund eines Flusses zwei vermißte Kinder heraufgeholt. Später haben sie die bösen Wassergeister getötet, die zuvor die beiden Kinder ermordet hatten.

Ein anderer Wassergeist errettete einen Jungen vor den sexuellen Nachstellungen seiner Halbschwester.

Wyandot

In diesem Stamm, der am Westufer des Huron-Sees lebt, wird über den Otter erzählt, daß er am Anfang der Zeit vergeblich versucht hat, Erde von dem Grund der tiefen Wasser heraufzuholen, um damit die Erde zu erschaffen.

Midewin

In diesem Stamm, der rings um die vier Großen Seen in den USA und Kanada lebt, ist der Otter einer der Totems des Stammes. Das Große Kaninchen sprach mit den Menschen durch seinen Boten, den Otter. Dieser brachte ihnen den Medizinbeutel, die Trommel, die Rassel und den Tabak, mit denen die Kranken geheilt werden konnten. Der Otter sang ihnen Lieder über den Guten Geist. Der Otter erlangte schließlich Unsterblichkeit.

Der wiedergeborene Gott, d.h. die Sonne, ist oft auch der Heilergott, denn der, der den Tod heilen kann, kann auch die Krankheiten heilen. Das entspricht der bisherigen Deutung des Otters.

Muskogee

In diesem einst im Südosten der USA lebenden Stamm gab es zwei Otter-Clane: den Osanalgi-Clan und den Osvnvlke-Clan.

Ute

In den Geschichten der im Mittleren Westen der USA in Utah und Colorado lebenden Ute täuschte der Trickster Koyote vor, daß er gestorben sei und kam in der

Gestalt eines Otters zurück zu seinen Töchtern und vereinte sich mit ihnen, ohne daß sie ihn erkannten. Letztlich erkannte ihn jedoch seine Frau und jagte ihn davon, während seine Töchter vor Scham an den Himmel emporflogen und dort zu Sternen wurden.

Auch hier könnte eine Wiedergeburts-Mythe der Sonne der Ursprung sein. Da die Indianer um 14.000 v.Chr. von Nordostasien aus nach Amerika eingewandert sind, müßten auch sie das Motiv der Vereinigung des Otter-Sonnengottes mit der Otter-Jenseitsgöttin gekannt haben, wenn dies Motiv bereits um 30.000 v.Chr. in Eurasien existiert haben sollte.

11. n) Zusammenfassung

Der Otter ist der ehemalige Göttervater Tyr in der Wasserunterwelt. Dafür sprechen mehrere Indizien:

- Loki tötet den Otter Otr – er tötet auch in jedem Herbst Tyr (und Tyr im Frühling Loki).
- Otr ist einer von drei Söhnen – auch Tyr-Thiazi ist einer von drei Söhnen, die u.a. die drei Stände verkörpern.
- Otrs Vater Hreidmar ist ein Zwerg und somit ein Jenseitsbewohner – Tyrs Vater ist ein Riese und somit ebenfalls ein Jenseitsbewohner.
- Der magische Ring des Zwerges Andvari ist der Jenseitsreise-Ring Draupnir des Odin und wird davor Tyr gehört haben.
- Andvari wird als Besitzer des magischen Ringes eine Form des Tyr im Jenseits sein.
- Andwari im Jenseits:
    - Er ist ein Zwerg.
    - Er besitzt den magischen Ring.
    - Er ist von einer Norne in die Wasserunterwelt verbannt worden.
    - Er hat die Gestalt eines Hechtes (Wasserunterwelt).
- Loki raubt Andvari den goldenen Zauber-Ring – Loki streitet sich mit Heimdall um den goldenen Halsreif der Freya.
- Auf dem Ring liegt ein Todesfluch – dies ist eine Umdeutung der Jenseitsreise-Symbolik.
- Loki bestätigt den Ring-Fluch des Andvari – dies ist eine Variante des endlosen Kampfes zwischen Tyr und Loki, der die Jahreszeiten verursacht.
- die drei Streitparteien „Otr – Loki", „Hreidmar – Odin/Hönir/Loki" und

„Andvari – Loki" sind drei Varianten des ursprünglichen Streites zwischen Tyr und Loki.

- Als erstes stirbt Tyr-Hreidmar durch den von Loki bestätigten Ring-Fluch – dies entspricht dem Mord des Loki an Tyr bzw. die Einsperrung des Tyr (als Utgardloki) durch Loki.

- Der Mord des Fafnir an seinem Vater Hreidmar entspricht der Umdeutung der Wiedergeburt des Sonnengott-Göttervaters zu einem Vatermord, der sich u.a. in dem Mord des Thor an seinem Ziehvater Loricus erhalten hat.

- Ottar ist im Hyndla-Lied der Sohn des Innstein, dessen Name „im Stein", d.h. „im Hügelgrab" bedeutet.

- Der Großvater der Gudrun in der Thorstein-Saga heißt „Ottar" und sein Sohn Agdi ist in dieser Sage eine der vielen Sagen-Varianten des Tyr.

Die Szene des Otter-Mordes ist aus einer Mythe entnommen und umgedeutet worden, die in einer Wasserunterwelt gespielt hat:

- Tyr-Otr ist als Otter ein Totengeist in der Wasserunterwelt.
- Tyr-Andvari ist als Hecht ein Totengeist in der Wasserunterwelt.
- Auch Loki verwandelt sich nach seinem Mord an Baldur, der seinem Mord an Otr entspricht, in ein Wassertier: in einen Lachs.

Im Hyndla-Lied reist Ottar als Eber in das Jenseits, während Freya auf ihm reitet. Ottar ist der Geliebte der Freya, die auch die Gestalt einer Wildsau haben konnte. In diesem Lied wird somit die Jenseitsreise des Tyr-Ottar und seine Wiederzeugung zusammen mit Freya dargestellt. Dies paßt gut zu der übrigen Deutung des Otters.

- - -

Die Deutung des Otters als Tyr in der Wasserunterwelt und entsprechend auch als die Jenseitsgöttin in der Wasserunterwelt wird durch ähnliche Mythen bei den Kelten, Persern und Griechen bestätigt. Daher wird bereits der indogermanische Dhyaus eine Ottergestalt gehabt haben.

Der Otter und der Wal sind vermutlich der Kern der Symbolik gewesen, die bei den Germanen auf die Seehunde, Robben, Seekühe und Walrosse ausgeweitet worden ist.

- - -

Dieselbe Mythe findet sich auch in China, Japan und bei vielen nordamerikanischen Indianerstämmen im Norden der USA und in Westkanada – u.a. auch bei den Stämmen an der südkanandischen Pazifikküste, die viele archaische Kulturelemente wie z.B. den Totempfahl bewahrt haben.

Daher wird es die Vorstellung, daß die Sonne am Abend zu einem Fischotter wird und in die Wasserunterwelt geht, sich dort mit der Jenseitsgöttin in der Gestalt eines Otterweibchens vereint und dann am Morgen von ihr wiedergeboren wird, sehr wahrscheinlich schon um 40.000-30.000 vor Chr. bei dem in Eurasien lebenden Homo sapiens in der späten Altsteinzeit gegeben haben.

(Dies war auch die Zeit, in der der Homo sapiens damit begonnen hat, Statuetten der Muttergöttin herzustellen, Totempfähle zu schnitzen und Malereien in tiefen Höhlen anzulegen.)

12. Der Biber

Der Biber erscheint in der Chronik von Lejre und in einigen Männernamen.

12. a) Chronicon lethrense

Der Riese Hler wird in dieser Chronik „Lä" oder „Lee" genannt. Entsprechend heißt die Insel Hlesey hier „Läsø" oder „Lee-Insel". Hler ist hier der Jenseitsgott Tyr auf der Jenseitsinsel.

Da sandte König Hakon von Schweden den Dänen einen kleinen Hund als König – mit der Warnung, daß der, der als erster sagen würde, daß der Hund tot ist, sein Leben verlieren würde. Eines Tages saß das Hündchen an der Tafel und die großen Hunde balgten sich auf dem Fußboden. Als das Hündchen von der Tafel heransprang, bissen die großen Hunde es zu Tode. Und niemand wagte es, König Hakon davon zu erzählen.

Da befahl der Riese Lee von der Lee-Insel seinem Hirten Snio („Schnee"), sich das Königreich von Hakon zu holen. Als Snio zu König Hakon kam, frug ihn dieser nach den Neuigkeiten.

Snio antwortete: „Die Bienen in Dänemark sind alle betäubt."

Da sprach König Hakon: „Wo hast Du letzte Nacht geschlafen?"

Snio antwortete dem König: „Dort, wo die Schafe die Wölfe fressen."

„Wie das?"

„Weil der Wolf gekocht und den Schafen als Heilmittel zu trinken gegeben wurde."

„Wo hast Du die Nacht davor geschlafen?"

„Dort, wo der Wolf den Karren fraß und die Pferde davongelaufen sind."

„Wie kann das sein?"

„Weil drei Biber Holz sammelten und einer von ihnen, der der Diener oder Biber-Leibeigener genannt wurde, mit ausgestreckten Beinen auf dem Boden zusammenbrach. Die anderen Biber legten das Holz zwischen seine Beine und gingen vor ihm her und zogen ihn wie Ochsen einen Karren. Die Wölfe kamen und fraßen den Biber-Leibeigenen, der das Holz zwischen seinen Beinen hatte; und die Biber, die ihn zogen, rannten fort."

„Wo hast Du in der dritten Nacht geschlafen?" frug der König.

Snio antwortete: „Dort, wo die Mäuse die Axt-Klinge, aber nicht den Stil fraßen."

„Wie das?"

„Weil Kinder eine Axt-Klinge aus weißem Käse gemacht hatten. Die Mäuse fraßen die, aber nicht den Stock, aus dem sie den Axt-Stil gemacht worden war."

Da frug der König nach den Neuigkeiten.
Snio antwortete: „Die Bienen in Dänemark sind alle betäubt."
„Der Hund ist tot!"

„Das hast Du gesagt, nicht ich," sprach Snio und so wurde er König von Däne-
mark – ein hinterhältiger und sehr strenger Richter, und bösartig dazu, der sich viele
Dinge auf unlautere Weise erwarb und alle sehr unterdrückte.

In dieser merkwürdigen Geschichte, die aus Motiven aus den alten Tyr-Mythen besteht (siehe auch „Hler" in Band 10) werden die drei Biber im Rätsel als „Menschen" bezeichnet. Ob dem eine mythologische Vorstellung oder einfach die Assoziation zwischen „Biber" und „Holz" zugrundelag, ist unklar.

12. b) Männernamen

Der Biber wurde anscheinend als ein „gutes Tier" angesehen, da er ein Männername sein konnte:

Biaver, Biorr   - Biber
Biurstäinn, Bjursten   - Biber-Stein

Das Wort „Stein" bedeutete in Männernamen in späterer Zeit eigentlich nur noch „Mann" und wird kaum noch eine Assoziation zu der ursprünglichen Bedeutung „Opferstein" enthalten oder eine andere mytholgische Bedeutung gehabt haben, sodaß man aus diesen Namen nicht sicher auf das Motiv eines „Biber-Steines" schließen kann.

Der Name „Biber" stammt von dem indogermanischen „bhebhrus" für „Biber" ab, das sich von dem Adjektiv „bher" für „braun" ableitet.

12. c) Der Biber bei den Indianern

Der Biber ist bei den Indianern in Nordamerika ein häufiges Totem. Über ihn werden verschiedene Geschichten erzählt.

Bei den Indianern an der kanadischen Pazifikküste findet sich der Biber häufig auf den Totempfählen dargestellt.

Bei den Algonkin bringt ein kleiner Biber den Indianern die Heilkunst.

Bei den Sioux kann der Biber seinen getöteten Sohn aus dessen Fell und Knochen, indem er diese in das Wasser eines Flusses hält, wieder neu entstehen lassen.
Dieses Motiv klingt sehr nach einem ehemaligen Wiedergeburts-Motiv und nach der Wiedergeburt der Sonne.

Bei den Haida wird ausführlich über den Streit zwischen Biber und dem Trickster Kojote erzählt, den Biber gewann.

Bei den Cherokee holte Biber am Anfang, als nur Wasser gab, vom Grund des Wassers Schlamm empor, der dann anwuchs und schließlich die heutige Erde gebildet hat.

Bei den Salish wird erzählt, daß Biber und der Trickster Koyote Freunde gewesen sind und daß sie einst einmal ihre Frauen getauscht haben, wobei es Biber gelang, Koyote zu überlisten, weil dieser aufgrund eines Zauberliedes keine Jagdbeute fand.

Bei den Micmac, den Pocumtus und den Cree gibt es Mythen über den den 2,5m langen Riesenbiber, der bis vor 10.000 Jahren an den Großen Seen im Nordosten der USA gelebt hat. Dieser Biber ist so groß wie ein Schwarzbär gewesen.

Es gibt noch viele weitere Erzählungen über den Biber, die jedoch vor allem das Verhalten zwischen Bibern und anderen Tieren beschreiben und keine erkennbaren mythologischen Wurzeln haben. Solche Tiergeschichten wird es vermutlich bei allen Völkern, die in der Natur und nicht einem weitgehend zivilisierten Umfeld gelebt haben, reichlich gegeben haben.

12. d)   Zusammenfassung

Über den Biber ist bei den Germanen keine klare mythologische Vorstellung bekannt. Er scheint jedoch mit positiven Assoziationen verbunden gewesen zu sein, da sein Name auch in Männernamen vorkommt.

- - -

Bei den nordamerikanischen Indianern ist der Biber mit der Wasserunterwelt, mit der Wiedergeburt und mit der Heilkunst verbunden. Seine Mythen ähneln daher denen des Otters, der wie der Biber halb im Wasser und halb an Land lebt.

Ob die positiven Assoziationen zu dem Biber bei den Germanen ebenfalls auf eine Assoziation zwischen Biber und Otter zurückzuführen sind und ob diese Assoziation evtl. bis in die späte Altsteinzeit zurückreicht, ist denkbar, aber sehr ungewiß.

13. Zusammenfassung: Wassertiere bei den Germanen

Die Wassertiere haben eine ausgesprochen einheitliche Symbolik:

- Die Geister der Toten in der Wasserunterwelt wurden als Wassertiere dargestellt.
- Die Wassertiere entsprachen den Schlangen auf dem Land als Gestalt der Totengeister.
- Der Wal als größtes Wassertier entsprach wie der Drache auf dem Land dem Totengeist des Göttervaters Tyr.
- Das Angeln von Walen durch die beiden Tyr-Riesen Hymir und Vidblindi ist eine Weiterentwicklung des Motivs „Tyr als Wal in der Wasserunterwelt".
- Der Hecht war die Gestalt des Tyr-Zwerges Andvari. Der Hecht ist einer der größten Süßwasser-Raubfische und somit der „Herr der Seen", so wie Tyr einst der „Herr der Unterwelt" gewesen ist.
- Vermutlich war auch „Thiodwitnirs Fisch" oder „Thiodwitnir als Fisch" eine Gestalt des Tyr. Sie könnte Loki als Lachs entsprochen haben – evtl. war auch dieser „Thiodwitnir-Fisch" ein Lachs.
- Der Lachs war die Gestalt des Tyr und des Loki im Jenseits.
- Der Drache wurde (vermutlich erst sehr spät) der Forelle gleichgesetzt.
- Der Göttervater Tyr im Jenseits konnte auch die Gestalt eines Otters annehmen. Daher wird auch die Jenseitsgöttin eine Otter-Frau gewesen sein. Diese Symbolik reicht bis in die späte Altsteinzeit vor 40.000-30.000 Jahren zurück. Möglicherweise ist die Wal-Symbolik und die Biber-Symbolik genausoalt – dies ist jedoch unsicher.
- Die Jenseitsgöttin mußte aufgrund der Symbolik der Wiederzeugung und der Wiedergeburt nicht nur die Gestalt eines Otters und Wales, sondern auch die eines Seehundes, eines Lachses usw. haben.
- Die Zauberer konnten analog zu Tyr als Wal im Jenseits bei ihren „magischen Reisen" dessen Wal-Gestalt annehmen.
- Die Zauberinnen konnten analog zu der Göttin Huldar und der Riesin Forad in Wal-Gestalt bei ihren „magischen Reisen" deren Wal-Gestalt annehmen. Sie konnten sich auch in eine Seekuh oder in ein Walroß verwandeln.
- Das Töten des Königs Frodi, der eine Sagen-Variante des Gottes Freyr ist, durch eine Zauberin in Seekuh-Gestalt läßt vermuten, daß diese Seekuh Freya ist. Demnach muß auch Freyr einst die Gestalt einer Seekuh gehabt haben.
- Die Robben-Gestalt des Heimdall und des Loki bei ihrem Kampf um Freyas Brisingamen ist vermutlich eine Variante der Seekuh-Gestalt der Freya.
- Der Seehund als Helfer bei Schmerzen und Giften wird eine Variante des

111

Heimdall als Robbe sein.

- Das Walroß und die Seekuh haben die Symbolik der Seehunde und Robben geteilt.

- Möglicherweise ist der Biber in mythologischer Hinsicht eine Variante des Otters gewesen.

- Die Umdeutung des Kampfes zwischen Heimdall und Loki zu einem Werfen mit „glühenden Seehundköpfen" ist vermutlich durch die Vermischung des Werfens von glühendem Eisen in dem Kampf zwischen Thor und Geirröd und der Robben-Gestalt des Heimdall und des Loki bei ihrem Kampf um Freyas Brisingamen entstanden. Letztlich ist dieser „glühende Seehundkopf" die Sonne – das Sonnenhaupt des als Seehund aufgefaßten Göttervaters Tyr.

- Der Zusammenhang zwischen der Wal-Verwandlung und dem Windzauber liegt vermutlich darin begründet, daß der Göttervater sich in einen Wal verwandeln konnte und in seiner Gestalt als der riesige Adler-Seelenvogel Hraesvelgr mit seinen Fittichen den Wind erzeugte.

- Walbein wurde aufgrund der Wal-Symbolik auch in der Magie benutzt.

- Der Delphin hatte keine Symbolik.

- Die Fische entsprachen weitgehend der Wassersäugetier-Symbolik – insbesondere der Lachs.

Diese Symbolik läßt sich in wenigen Punkten zusammenfassen:

- Die Fische waren die Gestalt der Totengeister in der Wasserunterwelt. Sie entsprechen den Schlangen im Erd-Jenseits der Hügelgräber (= „Halle der Hel").

- Der ehemalige Sonnengott-Göttervater Tyr nahm im Jenseits die Gestalt eines Wales, einer Robbe, eines Otters, eines Hechtes und evtl. die eines Lachses an.

- Bei dem Kampf mit dem Göttervater hatte Loki wahrscheinlich jeweils dieselbe Gestalt wie der Göttervater.

- Bei der Wiederzeugung und der Wiedergeburt nahm auch die Jenseitsgöttin (Freya, Hulda, Forad) dieselbe Gestalt wie der Göttervater an.

- Die Erzeugung des Windes durch den Adler-Seelenvogel des Tyr wurde auf seine Walgestalt übertragen.

- Zauberer und Zauberinnen konnten auch die Gestalt eines Wales, eines Walrosses, einer Seekuh o.ä. annehmen.

- Diese Symbolik wird dadurch bestätigt, daß in den älteren Fassungen der Mythe des Kampfes zwischen Tyr und Loki ein Fischer-Netz eine zentrale Rolle gespielt hat (siehe „Netz" in Band 67).

Die Wassertiere sind die Ahnen, die Sonne und die Jenseitsgöttin in der Wasserunterwelt. Die älteste nachweisbare Symbolik hat der Otter – sie reicht bis in die späte Altsteinzeit zurück. Möglicherweise haben der Biber und der Wal eine ebenso alte Symbolik gehabt, die der des Otters weitgehend entspricht.

Der Biber hat bei den Germanen fast seine gesamte Symbolik verloren – es sind nur noch einige wenige positive Assoziationen zu ihm erhalten geblieben.

Andererseits hat sich die Otter-Symbolik bei den Germanen auf die Wale, Seehunde, Robben, Walrösser, Seekühe und Lachse ausgeweitet.

Bei den Indogermanen ist um 6000 v.Chr. aufgrund der damals beginnenden und bis heute andauernden Trockenperiode das Motiv des Kampfes um den Regen zwischen dem Sonnengott-Göttevater Dhyaus und der Regenräuberschlange entstanden. Daraus wurde bei den Germanen der Kampf zwischen dem Sommergott Tyr und dem Wintergott Loki. Dabei hat Loki teilweise die Symbolik des Tyr wie seine Lachs- und Seehund-Gestalt übernommen.

IV   sonstige Landsäugetiere

14.   Der Affe

14. a) Hymir-Lied

Der Riesenkönig Hymir, der „Tyr in der Unterwelt" ist, wird im Hymir-Lied als „Affengott" bezeichnet.

Das Wort „Affe" war zu damaligen Zeit bei den Germanen ähnliche dem heutigen Schimpfwort „Du Affe!" ein Ausdruck, mit dem man jemanden als dumm und als einen nicht ganz vollwertigen Menschen bezeichnete.

14. b) Zusammenfassung

„Affe" war ein Schimpfwort, das Dummheit und Minderwertigkeit ausdrückte.

15. Der Hase

15. a) Sprichworte

Der Hase wird als „ängstliches" Fluchttier zur Illustration der Ängstlichkeit von Menschen benutzt. Das letzte dieser drei Sprichworte ist eine humorvolles Bild dafür, daß die Schwachen in andern Schwachen keine wirkungsvolle Hilfe finden haben – das damalige Ideal war der starke Krieger …

„das Herz eines Hasen haben"

> anonym: Saga über König Sverri
> anonym: Saga über König Olaf Tryggva-Sohn

„ein Hasenherz haben"

> heutige deutsche Redewendung

„Es ist übel, einen Mann zu unterstützen, der das Herz eines Hasen in seiner Brust trägt."

> anonym: Geschichte über Ögmund Beule

„Es ist keine Hilfe für den Hasen, wenn die Henne ihm einen Schild hält."
> anonym: Morkinskinna
> anonym: Saga über Sigurd Jerusalem-Fahrer

Im Mittelalter wurde es allgemein als schlechtes Omen angesehen, wenn einem ein Hase über den Weg lief – er hatte eben keinen Mut … (u.a. in: Jakob Grimm – Deutsche Mythologie).

15. b) Der Hase bei den Kelten

Bei den Kelten war der Hase Cäsar zufolge als Speise tabu. Er wurde als Tier der Kriegsgöttin Andraste („Unbesiegbare") und der Jagdgöttin Abnoba angesehen.
Ob es einen Zusammenhang zu dem „Osterhasen" gibt, der das erste mal 1682 von

115

einem deutschen Arzt erwähnt wurde, ist denkbar, aber ungewiß.

15. c) Der Hase bei den Indianern

Bei einigen Indianern in Nordamerika ist der Hase ein Trickster – vermutlich weil er nur durch Schnelligkeit und Geschick und nicht durch Kraft überleben konnte.

15. d) Zusammenfassung

Der Hase ist das Sinnbild der Schwachen und der Ängstlichen.

16. Der Igel

16. a) Der Name „Igel"

Der altnordische Name des Igels lautete „igull". Diese Bezeichnung geht über das germanische „igilaz" auf das indogermanische „eghinos" zurück, das „zu der Schlange gehörig" bedeutet. Der Igel ist offenbar als derjenige, der sich gegen Schlangen wehren kann und auch kleinere Schlangen frißt, benannt worden.

16. b) Personennamen

In den mit „ighul" gebildeten germanischen Personennamen ist nicht völlig sicher, ob mit „ighul" ein Igel oder eine Schlange gemeint ist:

Name		Übersetzung	
Mann	*Frau*	*„ighul" = Schlange*	*„ighul" = Igel*
Ighulbiorn, Igulbjörn		Schlange-Bär	Igel-Bär
Ighulfast, Igulfastr		Schlange-Standfester	Igel-Standfester
Igulgäirr, Iulger		Schlange-Speer	Igel-Speer
	Igulfridr	Schlange-Frieden	Igel-Frieden

In den Thulur des Snorri Sturluson wird „igultanni" als eine Umschreibung für „Bär" aufgeführt. Sie bedeutet entweder „Igelzahn" oder „Schlangenzahn" und bezeichnet vermutlich die spitzen Zähnen des Bären. Diese Kenning findet sich auch in verschiedenen anderen Texten.

Die Wahrscheinlichkeit ist jedoch recht groß, daß in diesen Namen und dieser Kenningar der Igel gemeint ist.

16. c) Zusammenfassung

Vermutlich galt der Igel als wehrhaftes Tier.

17. Das Eichhörnchen

17. a) Der Name „Ratatoskr"

In der germanischen Mythologie wird nur in einem einzigen Zusammenhang ein Eichhörnchen genannt. Es heißt dort „Ratatoskr", d.h. „Nagezahn". Das Verb „rata" für „nagen" ist u.a. auch der Ursprung des Wortes „Ratte".

Die allgemeine altnordische Bezeichnung für „Eichhörnchen" war „Ikorni", d.h. „Eichen-Korn". Das Eichhörnchen ist also als „Eichel(-sammler)" benannt worden.

17. b) Gylfis Vision

Da frug Gangleri: „Was ist weiter Merkwürdiges von der (Welt-)Esche zu sagen?"
Har antwortete: „Gar viel ist davon zu sagen. Ein Adler sitzt in den Zweigen der Esche, der viel Dinge weiß, und zwischen seinen Augen sitzt ein Habicht, Wedfölnir genannt. Ein Eichhörnchen, das Ratatösk heißt, springt auf und nieder an der Esche und trägt Zankworte hin und her zwischen dem Adler und Nidhögg."

Das Eichhörnchen hat hier eine verbindende Funktion zwischen der Götterwelt des Adlers (Tyr, Odin) im Wipfel des Weltenbaumes und dem Totenreich des Drachen unter den Wurzeln des Weltenbaumes.

Es wäre denkbar, daß Ratatoskr auch mit der Reise der Schamanen/Priester ins Jenseits assoziiert wurde, da diese Reise vom Diesseits am Fuße des Stammes des Weltenbaumes entweder zu den Göttern in seinem Wipfel oder zu den Toten unter seinen Wurzeln führt – aber dies ist nur eine Hypothese, die nicht durch die Überlieferung bestätigt wird.

17. c) Grimnir-Lied

Snorri Sturluson hat sich in seiner Schilderung vermutlich vor allem auf die folgende Strophe aus dem Grimnir-Lied bezogen:

Ratatösk heißt das Eichhorn, das auf und ab rennt
An der Esche Yggdrasil:
Des Adlers Worte oben vernimmt es
Und bringt sie Nidhögger nieder.

17. d) Ekerken-Hausgeist

Im Deutschen gab es die Bezeichnung „Ekerken" („Eichhörnchen") für einen Hausgeist. Die Ursache dafür wird aber wohl daran liegen, daß manche Geräusche von Poltergeistern dem „Keckern" von Eichhörnchen ähneln.

17. e) Havamal

Im Havamal nennt Odin den Bohrer, mit dem er sich einen Weg in das Jenseits, d.h. in die Grabkammer des Hügelgrabes der Gunnnlöd, gräbt, „Ratamund", also „Nagehand". Die Ähnlichkeit dieses Namens mit „Ratatoskr" („Nagezahn") ist auffällig groß. Zudem beziehen sich beide „Nager" auf den Weg ins Jenseits.

Es ist aber trotzdem unsicher, ob es eine feste Assoziation zwischen dem „Nagen" des Eichhörnchens bzw. des Bohrers und der Jenseitsreise gegeben hat.

Ratamund ließ ich den Weg mir räumen
Und den Berg durchbohren;
In der Mitte schritt ich zwischen Riesensteigen
Und hielt mein Haupt der Gefahr hin.

17. f) Kundalini

Eine der mythologisch-magischen Bedeutungen, die für das Eichhörnchen zwar denkbar sind, aber für die es keine Hinweise in der Überlieferung der Germanen gibt, wäre das Fließen der Lebenskraft in der Mitte des Körpers während der Meditation, die aus dem Yoga als „aufsteigende Kundalini" bekannt ist, wenn der Weg dieses Lebenskraft-Flusses dem Weltenbaum gleichgesetzt worden sein sollte.

Eine derartige Symbolik findet sich auch in mehreren nicht-indogermanischen Religionen wie z.B. in der altägyptischen Mythologie, in der die Wirbelsäule des Osiris dem Weltenbaum entspricht („Djed-Pfeiler").

Dieses Motiv beruht auf der Übertragung des Weltenbaum-Motivs in den Menschen und beschreibt seine „Lebenskraft-Anatomie".

17. g)   Das Eichhörnchen in der Kalevala

Die Finnen gehören nicht zu den Indogermanen, aber da sie seit 1800 v.Chr. die Nachbarn der Germanen sind, finden sich in ihren Mythen auch eine Reihe von germanischen Motiven, die sie von ihren westlichen Nachbarn übernommen haben.

In der Kalevala 20, 189 findet sich die folgende Szene, in der ein Eichhörnchen beschrieben wird. Ob seine weiße (helle?) Farbe und seine Geburt durch eine Jungfrau etwas mit der Geburt der Sonne zu tun hat, ist unsicher, aber gut möglich. Die Bezeichnung des Eichhörnchens als „Gold der Höhen" würde gut zu einem Sonnen-Symboltier passen.

Kalewatar, eine Jungfrau,
Wunderschön mit ihren Fingern,
Die gar rasch sich stets beweget,
Die beständig leichtbeschuhte,
Rührt sich auf des Bodens Fugen,
Schwingt sich auf des Bodens Mitte,
Schafft das eine, schafft das andre
In der beiden Kessel Mitte,
Siehet einen Splitter liegen,
Hebt den Splitter von dem Boden.

Dreht' und wendete den Splitter:
Was wohl könnte daraus werden
In der schönen Jungfrau Händen,
In des guten Mädchens Fingern,
Wenn ich ihn in Kapo's Hände,
Zu der Jungfrau Fingern bringe?

Trug ihn in die Hände Kapo's,
Zu der schönen Jungfrau Fingern,
Kapo reibet ihre Hände,
Reibet ihre beiden Hände
An den beiden Oberschenkeln,
Es entstand ein weißes Eichhorn.

Also ratet sie dem Sohne,
Gibt dem Eichhorn diese Weisung:
„Eichhorn, Du, das Gold der Höhen,
Hügelblume, Landesfreude,

Laufe hin, wohin ich schicke,
Ich Dich schicke und Dich sende:
Nach dem lieblichen Metsola,
Nach dem klugen Tapiola,
Steige auf die kleine Bäume,
Klüglich auf die Hürdengipfel,
Daß dich nicht der Adler packe,
Nicht des Himmels Vogel greife,
Bringe Zapfen von der Fichte,
Von der Tanne schmale Fasern,
Bringe sie in Kapo's Hände,
Zu dem Bier der Osmo-Tochter!"

Rasch enteilt das muntre Eichhorn,
Wirbelt fort der flinke Breitschweif,
Läuft gar schnell durch lange Wege,
Schreitet rasch durch weite Räume,
Durch der Wälder Läng' und Breite,
Springet drittens in die Quere
Nach dem lieblichen Metsola,
Nach dem klugen Tapiola.

Schauet drei der Waldesfichten,
Vier der kleinen Tannenbäume,
Hebt sich zu der Ficht' im Tale,
Zu der Tanne auf der Fläche,
Ward vom Adler nicht gepacket,
Nicht vom stolzen Himmelsvogel.

Brach nun Zapfen von der Fichte,
Spitzen von den Tannenästen,
Birgt die Zapfen in den Klauen,
Wickelt sie in seine Pfoten,
Trug sie in die Hände Kapo's,
Zu der schönen Jungfrau Fingern.

17. h)   Zusammenfassung

Das Eichhörnchen hat aufgrund seiner Lebensweise in den Mythen die Funktion des Boten auf dem Weltenbaum.

Es ist jedoch unsicher, ob es eine feste Assoziation zwischen dem Eichhörnchen und dem Weg zwischen den beiden Welten, der durch den Weltenbaum dargestellt wird, gegeben hat.

18. Die Maus

18. a) Redewendungen

Die Maus tritt nur in zwei bildhaften Ausdrücken auf, die vermutlich der Ursprung für die analogen Bilder „Katze im Bau", „Fuchs in der Falle" und evtl. noch „Otter im Wehr" sind.

„furchtsam wie eine Maus in der Falle"
anonym: Morkinskinna

„Sie errangen die Standarte des Königs Olaf des Heiligen, die sie in ruhmreichem Triumph in die Stadt trugen, während die Anführer, die der Schlacht entronnen waren, wie Mäuse auf der Suche nach ihren Löcher hin und her rannten."
anonym: Saga über König Sverri

18. b) Zusammenfassung

Die Maus erscheint in Redewendungen als furchtsames, schwaches Tier.

123

V sonstige reale Tiere

19. Die Kröte

19. a) Redewendung

Die Kröte erscheint nur ein einer Redewendung, mit der man Angst und Panik umschrieben hat. Sie findet sich in der Saga über die Leute von Eyre und lautet *„zu einer Kröte werden"*.

Der Ursprung dafür liegt möglicherweise in der Neigung der Kröten begründet, sich zu verbergen.

19. b) Gebrüder Grimm: „Der Krötenstuhl"

Jakob und Wilhelm Grimm berichten über eine „Kröten-Sage", die an das Märchen „Froschkönig" erinnert – nur mit einer vertauschten Besetzung.

Der Krötenstuhl

Auf Notweiler, einer elsässischen Burg im Wasgau, lebte vor alten Zeiten die schöne Tochter eines Herzogs, die aber so stolz war, daß sie keinen ihrer vielen Freier gut genug fand und viele umsonst das Leben verlieren mußten.

Zur Strafe wurde sie dafür verwünscht und muß so lange auf einem öden Felsen hausen, bis sie erlöst wird. Nur einmal die Woche, nämlich den Freitag, darf sie sichtbar erscheinen, aber einmal in Gestalt einer Schlange, das zweitemal als Kröte und das drittemal als Jungfrau in ihrer natürlichen Art.

Jeden Freitag wäscht sie sich auf dem Felsen, der noch heutigestages Krötenstuhl heißt, an einem Quellborn und sieht sich dabei in die Weite um, ob niemand nahe, der sie erlöse.

Wer das Wagstück unternehmen will, der findet oben auf dem Krötenstuhl eine Muschel mit drei Wahrzeichen: einer Schlangenschuppe, einem Stück Krötenhaut und einer gelben Haarlocke. Diese drei Dinge bei sich tragend, muß er einen Freitagmittag in die wüste Burg steigen, warten, bis sie sich zu waschen kommt, und sie drei Wochen hintereinander in jeder ihrer Erscheinungen auf den Mund küssen, ohne zu entfliehen. Wer das aushält, bringt sie zur Ruhe und empfängt alle ihre Schätze.

Mancher hat schon die Merkzeichen gefunden und sich in die Trümmer der alten Burg gewagt, und viele sind vor Furcht und Greuel umgekommen.

Einmal hatte ein kühner Bursch schon den Mund der Schlange berührt und wollte auf die andre Erscheinung warten, da ergriff ihn Entsetzen und er rannte bergab; zornig und raschelnd verfolgte sie ihn als Kröte bis auf den Krötenstuhl. Sie bleibt übrigens die Länge der Zeit hindurch, wie sie war, und altert nimmer.

Als Schlange ist sie am gräßlichsten und nach dem Spruch des Volks »groß wie ein Wieschbaum (Heubaum), als Krott groß wie ein Backofen, und da spaucht sie Feuer«.

Das Verwünschtsein in der Gestalt einer Kröte und einer Schlange ähnelt auch dem Motiv des Drachen (Schlange), der eine Jungfrau gefangenhält, die wiederum eine Umdeutung der Jenseitsgöttin als der Wiederzeugungs-Geliebten des Toten (Schlange = Totengeist) in dessen Hügelgrab („Berg") ist.

Man kann daher vermuten, daß die Kröte in dieser Sage und der Frosch im „Froschkönig" eine Erweiterung des Motivs der Schlange als Totengeist ist. Wann diese Erweiterung stattgefunden hat, ist leider unbekannt.

Von der naheliegenden Jenseitsboten-Symbolik der Kröten und Frösche, die sie mit den wasserliebenden Säugetieren wie dem Otter teilen und die z.B. bei den Indianern in Südamerika sehr beliebt ist, findet sich bei den Germanen kaum noch etwas. Lediglich der Froschkönig, der vermutlich auf germanische oder keltische Mythen zurückgeht, erinnert noch an die Jenseitsgöttin (Prinzessin), die die Sonne (Goldene Kugel) wiedergebiert.

19. c) Zusammenfassung

Die Kröte war bei den Germanen ein Symbol für Angst und Panik.

20. Die Schnecke

Über Schnecken sind nur zwei Textstellen zu finden.

20. a) Indiculus superstitionum et paganiarum

Von diesem „Kleinen Verzeichnis des Heidentums und des Aberglaubens", das um ca. 770 n.Chr. im Karolingerreich im Auftrag von Karl dem Großen zur Unterstützung der Sachsen-Missionierung verfaßt worden ist, sind leider nur die Überschriften erhalten geblieben. Eines der Kapitel die folgende Überschrift:

„Über Stürme, Stierhörner und Schnecken"

Es ist somit sicher, daß Schnecken in der Mythologie und dem Brauchtum der Germanen immerhin eine so große Rolle gespielt haben müssen, daß sie in einer Kapitelüberschrift erwähnt worden sind.

20. b) Gauti-Saga

In dieser Saga, in der Motive aus den Mythen des ehemaligen Göttervaters Tyr in Groteske übertragen worden sind, finden sich Schnecken als Tiere, die Gold „beschädigen". Dies könnte jedoch eine einfache Übertragung der Schnecken als Schädlinge im Ackerbau sein.

Fjölmod paßte tagsüber auf sein Eigentum auf und nahm seine Goldbarren überall mit hin.
Eines Tages schlief er ein und wachte in dem Moment auf, als zwei schwarze Schnecken auf seine Goldbarren gekrochen waren. Sie schienen ihm Gruben hinterlassen zu haben, da wo das Gold dunkler geworden war, und es schien ihm sehr viel weniger geworden zu sein.
Er sprach: „Dieser Eigentumsverlust wird große Folgen haben. Wenn so etwas öfter geschieht, wird es schlimm werden, arm zu Odin zu kommen. Ich werde mich vom Familienfelsen stürzen und nicht noch öfter Vernichtung meines Besitzes erleben. Denn nie ist meine Lage so aussichtslos gewesen, seit mein Vater mir Eigentum zuteilte."

126

Er berichtete seinen Brüdern von diesem unvorhergesehenen Ereignis, das geschehen war, und bat sie, sein Erbe unter sich aufzuteilen. Dann sprach er:

„Kleine Schnecken
aßen mir die Steine weg.
Alles will uns jetzt hassen;
arm muß ich herumlungern,
weil Schnecken
mein Gold völlig zerkratzt haben."

20. c) Zusammenfassung

Die Schnecken werden in zwei Texten erwähnt und hatten mit Sicherheit eine mythologische Bedeutung – leider ist nicht bekannt, welche …

VI Unspezifische Tiere

21. Unspezifische Tiere

Es gibt nur einen einzigen Fall, in dem in einem mythologisch-magischen Zusammenhang nur unspezifisch von einem „Tier" gesprochen wird und kein konkretes Tier genannt wird.

21. a) Gudrun-Lied

Im zweiten Gudrun-Lied werden zweimal „Tier-Eingeweiden" als Zutat eines Zaubertrankes genannt. Vermutlich handelt es sich bei dieser Zutat um eine Erinnerung an die Tieropferungen, die bei Orakeln benutzt wurden und aus deren Todes-Verhalten die Orakelantwort geschlußfolgert wurde.

Das hier gemeinte „Tier" wird daher wahrscheinlich ein Herdentier wie Rind, Hirsch, Pferd, Schwein, Schaf oder Ziege sein.

Dieser Zaubertrank bewirkte, daß Gudrun den Mord an ihrem Mann Sigurd vergaß.

Gudrun:
„Grimhild brachte den Becher mir dar,
Den kalten, herben, daß ich Harms vergäße.
Der Kelch war gekräftigt aus der Quelle Urds,
Mit urkalter See und sühnendem Blut.

In das Horn hatten sie allerhand Stäbe
Rötlich geritzt; ich erriet sie nicht.
Den langen Lindwurm des Lands der Haddinge,
Ungeschnittne Ähre und Eingeweide von Tieren.

Im Gebrauten beisammen war Bosheit viel,
Allerlei Wurzeln und Waldeckern,
Tau des Herdes und Tiereingeweide,
Gesottne Schweinsleber, die den Schmerz betäubt. "

21. b) Zusammenfassung

Nicht näher bezeichnete Tiere kommen an bedeutsamen Stellen nur in dem Zaubertrank-Rezept vor, das Gudruns Amnesie verursacht.

Die in diesem Rezept genannten Tier-Eingeweide werden eine Erinnerung an die Tieropfer-Orakel sein.

VII Mythologische Tiere

22. Sprechende Tiere

Dies ist bei den Germanen ein relativ seltenes Motiv.

22. a) Sprechende Tiere in der germanischen Überlieferung

Der Drache Fenrir kann sprechen, weil er ein verwandelter Mensch ist – Schlange und Drache sind Gestalten der Totengeister (siehe den Band 41 über die „Schlangen und Drachen").

Loki kann in der Gestalt eines Falke sprechen, weil er noch immer ein Gott ist (siehe „Falke" in Band 40). Der Falke ist der Seelenvogel des Loki.

Dasselbe gilt für den Tyr-Riesen Thiazi, wenn er die Gestalt eines Adlers, also seines Seelenvogels, annimmt (siehe „Adler" in Band 40).

Schließlich können auch die Vögel allgemein sprechen – allerdings ist zum Verstehen der Vogelsprache durch die Menschen nötig, daß der Hörer selber eine Jenseitsreise gemacht hat und dadurch den Kontakt zu Ahnen erlangt hat und daher nun die Ahnen, d.h. die Seelenvögel verstehen kann.

Schließlich kann noch der Fenris-Wolf sprechen – allerdings nur mit den Asen. Fenrir ist ursprünglich die Wolfskrieger-Gestalt des ehemaligen Sonnengott-Göttervaters Tyr gewesen.

Frigg und ihre Boten sprachen sogar mit allen Tieren, Pflanzen und Dingen, als sie von ihnen den Eid verlangte, Baldur nicht zu verletzen. Da dies jedoch ein allgemeines Sprechen mit allen Dingen und Wesen ist, kann man diese Szene wohl kaum als die Fähigkeit der Tiere zum Sprechen deuten.

Man könnte noch das Drachenschiff „Ellide" zu diesem Thema zählen, das auf die Worte seines Kapitäns reagiert – aber Ellide ist ursprünglich die Jenseitsbarke gewesen und ist somit wieder ein Sonderfall. Zudem wird die Fähigkeit dieses Schiffes, menschliche Worte zu verstehen, lediglich angedeutet und ist kein wesentliches Merkmal dieses Schiffes, das zudem auch nicht selber sprechen kann.

22. b) Sprechende Tiere in den Mythen anderer Völker

Bei den Indogermanen finden sich sprechende Tiere vor allem in Fabeln – sie sprechen also nur untereinander, aber nicht mit dem Menschen.

Tiergötter wie der Affengott Hanuman und der Elefantengott Ganesha der Inder können natürlich sprechen, da sie Götter sind.

Dasselbe gilt z.B. auch für die ägyptischen und die sumerischen Tiergötter. Sie werden meistens als Menschen mit einem Tierkopf dargestellt, d.h. sie sind Götter mit den Eigenschaften von Tieren bzw. in den Stand von Göttern erhobene Tiere.

Bei den Indianern finden sich wiederum vor allem Fabeln, d.h. Tier-Geschichten, in denen keine Menschen vorkommen. Lediglich in den Geschichten, in denen ein Mensch sein Totem, d.h. sein Krafttier findet, sprechen Menschen mit Tieren.

22. c) Zusammenfassung

Tiere sprechen in den Mythen der Germanen mit den Menschen nur dann, wenn sie Totengeister (Drachen, Vögel) sind.

23. Ungeheuer

Im Folgenden sind die Ungeheuer nach den Tieren, von denen sie hauptsächlich abgeleitet worden sind, sortiert worden.

A Schlangen-Ungeheuer

23. a) Schlangen und Drachen

Das größte Ungeheuer in den Liedern und Sagas der Germanen ist zweifellos die Riesenschlange Jörmungandr, die ganz Midgard umgibt.

Die am häufigsten auftretenden Ungeheuer sind die Drachen. Sie sind aus der Kombination der Schlangen-Gestalt der Toten, des Seelenvogels, des Bestattungsfeuers und des Grabschatzes in den Hügelgräbern entstanden: der feuerspuckende und geflügelte Drache auf seinem Goldschatz in einer Höhle (siehe den Band 41 „Schlangen und Drachen").

Neben den Drachen gibt es jedoch noch einige weitere Ungeheuer – selbst wenn man die Riesen und Trolle nicht mitrechnet.

B Vogel-Ungeheuer

23. b) Großes Goldhorn von Gallehus

Vogelkopf-Menschen
Gallehus, 400 n.Chr.

Vogel-Mensch-Mischwesen sind weltweit verbreitet, da sie sich aus der Verbindung eines Menschen und seines Seelenvogels („Astralreise") ergeben.

Siehe dazu auch „Vogel" in Band 40 und „Verwandlung in einen Vogel" in Band 65.

23. c) Die Saga über Bosi und Herraud

Der Name Skergripir setzt sich aus „sker" für „kleine Felseninsel" und „gripir" für „greifen, Griff; Greif; Schatz („Ergriffenes"); Geier" zusammen und bedeutet daher wahrscheinlich „Felseninsel-Greif". Damit könnte ursprünglich der Adler-Seelenvogel des Göttervaters auf der Jenseitsinsel gemeint sein – aber das ist unsicher.

Da sahen sie den Vogel über das Land fliegen, den man Skergripir nennt. Er hatte einen Kopf, der so groß und fürchterlich war, daß er wie der Teufel aussah. Er griff den Drachen an und es gab einen fürchterliche Schlacht. Ihr Kampf endete damit, daß sie beide niederstürzten – der Skergripir fiel in das Meer, aber der Drache stürzte auf Siggeirs Schiff.

Der Drache ist der Zauberer-Wikinger Harek, der sich aus Wut in einen Drachen verwandelt hat. Möglicherweise ist der Skergripir die Zauberin Busla gewesen.

23. d) Gafi

Der Gafi ist eine Art Greif. Sein Name leitet sich von dem lateinischen Substantiv „gavia" für „Möwe" ab. Der Greif ist ein Löwe-Vogel-Mischwesen und kombiniert die Symbolik der Stärke mit der Seele – der Greif ist daher ursprünglich ein Königs-Symbol gewesen.

C Pferde-Ungeheuer

23. e) Nykr

Dies ist ein Wasserungeheuer, das in der Gestalt eines grauen Pferdes erscheint – evtl. sind dies ursprünglich die beiden Pferde-Söhne des Tyr gewesen, die seinen Streitwagen in die Wasserunterwelt fahren (siehe „Alcis" in Band 12). Als die Wikinger Nilpferde kennenlernten, haben sie auch diese Tiere als „Nikr" bezeichnet.

Dieser Name ist eine Variante des Wassergeistes „Nicor", der ursprünglich der Gott des Meeres, d.h. der Wasserunterwelt-Totengott gewesen sein wird (siehe „Nicor" in Band 10).

Zu diesem Namen gehört auch der Odin-Name „Hnikarr". Diesen Titel hat Odin erhalten, da der Wasserunterwelt-Totengott Tyr (Odins Vorgänger) während seiner winterlichen Verbannung in der Wasserunterwelt gewesen ist (siehe auch „Ägir" in Band 10).

23. f) Kleines Goldhorn von Gallehus

Gallehus, 400 n.Chr.

Schon um 400 n.Chr. ist den Germanen das Motiv des Zentaur bekannt gewesen. Es ergab sich aus der Identifizierung des Toten mit dem für ihn geopferten Hengst.

23. g) Wandteppich von Bayeux

Auf dieser Darstellung der Besetzung Englands durch Wilhelm den Eroberer finden sich in den oberen und unteren Zierstreifen viele Zentauren. Das folgende Bild ist ein Beispiel:

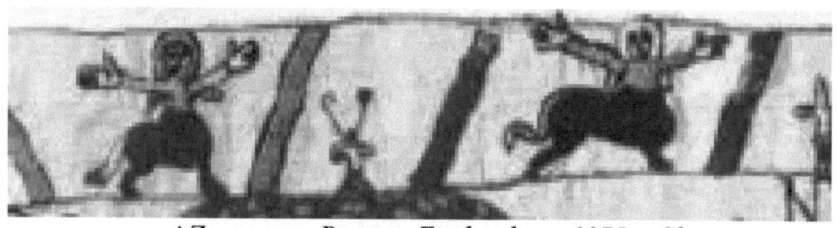

zwei Zentauren, Bayeux, England, ca. 1075 n.Chr.

23. h) Die Saga über Pfeile-Odd

Der Finngalkn ist *„bis zum Kopf hinauf ein Mensch, aber unten ein Tier mit außerordentlich großen Klauen und einem ungeheuren Schwanz, mit dem es Menschen und Vieh, Tiere und Schiffe zerschlägt."*

Der Name „Finngalkn" hat sich über „Finngalpn" aus „Finngap" entwickelt und bezeichnet entweder ein unspezifisches Ungeheuer oder einen Zentaur.

Das Wort „finngap" setzt sich aus „finn" für „Wanderer, Nomade, Finne" und „gap" für „Lücke, offener Mund, Ruf, Schrei" zusammen und bedeutet daher in etwa „Schrei-Wanderer" oder „Wanderer über den Abgrund", womit die Grenze zwischen Diesseits und Jenseits gemeint sein könnte („Ginnungagap").

Der Finngalkn ist sehr wahrscheinlich eine Variante des Meeres-Zentaurs gewesen. Dieses mythologische Wesen ist aus der Übertragung des Zentaurs von der Land-Unterwelt der Göttin Hel in die Szenerie der Wasser-Unterwelt der Göttin Ran entstanden.

23. i)   Geschichte über Styrbjarnar

Als drei Jahre vergangen waren, kam Björn zur Jomsburg im Wendenland und wurde dort der Anführer. Während er mit seiner Mannschaft dort war, gab es ein seltsames Ereignis. Aus dem Graben, der um die Burg herum angelegt war, kam ein großer Finngalkn heraus und sprach das Folgende:

„Die Hild des Kampfes
steht jeden Morgen
unter dem roten Schild.
Jetzt haben die Siegmädchen
den Dänen hartes Schwertspiel bestimmt.
Wie alle müßt ihr mit dem Schwert
gegen Balders bösen, dunklen Vater kämpfen.
Der harte Odin will die Gefallenen auswählen."

Hild des Kampfes: Walküre
Siegmädchen = Walküre
Schwertspiel = Kampf
Baldurs Vater = Odin

135

23. j) Garel von Blumenthal

Gott mit zwei geflügelten Meeres-Zentauren
keltisch, ca. 400 v.Chr.

In diesem Ritter-Versepos lebt das Ungeheuer Vulgan im Meer und ist halb Mensch und halb Pferd, also eine Art Meeres-Zentaur. Diese Art von Ungeheuer ist auch von den Kelten, den Nachbarn der Germanen, bekannt. Es wurde u.a. auf dem keltischen Kessel von Gundestrup dargestellt, der um ca. 400 v.Chr. in Jütland gefunden wurde, das damals germanisches Siedlungsgebiet gewesen ist.

Der Ritter-Roman „Garel von Blumenthal" wurde von dem Dichter Pleier um ca. 1235 n.Chr. verfaßt und war damals in fast ganz Europa bekannt.

Der folgende Text ist eine Zusammenfassung:

Garel reitet lange durch den Wald und kommt in ein schönes Land namens Anferre, das allerdings einen ziemlich tristen Eindruck macht, weil dort ein schreckliches Meerungeheuer wütet, das halb Mensch, halb Pferd ist. Es trägt einen Schild mit einem Haupt auf der Vorderseite und wer oder was dieses Haupt erblickt, der ist verdorben und stirbt. Das Land ist ausgestorben, doch Garel erblickt ein Schloss; es handelt sich hierbei um die Burg Muntrogin. Auf der Burg lebt die schöne, verwaiste Königin Laudamie, die seit fünf Jahren vom Ungeheuer Vulganus belagert wird und Muntrogin nicht verlassen kann, da sie nur dort sicher ist. Das Land rings um das Schloss ist komplett verödet und zerstört

Garel wird in das Schloss eingelassen und sieht die Königin, in die er sich sofort verliebt. Er möchte sofort gefährliche Abenteuer für sie bestehen. Die Fragen der Königin beantwortet Garel eher kurz: Er komme von Artus und habe die letzte Nacht in Kanadic verbracht, wo er ihren Vetter Klaris gesund zurückgelassen habe.

Laudamie erzählt ihm von der schrecklichen Belagerung durch Vulgan, der jeden Tag vor der Burg grimmig rufe. Seit zehn Jahren hause er in einer Steinwand am Meeresrand und habe inzwischen alle Bewohner des Landes getötet oder vertrieben. Garel tröstet die Weinende und verspricht, ihr zu helfen; er verlangt nach einem verläßlichen Boten, welchen er sofort zu Klaris schickt. Dieser wiederum hat die Aufgabe, zu dem Zwergenkönig Albewin zu gehen und diesen um Hilfe zu bitten.

Garel wird in der Zwischenzeit bei der Königin vorzüglich bedient. Als er eines Tages aufwacht, stehen die Zwerge vor seinem Bett. Sie haben die Tarnkappen abgenommen und sind nun für Garel sichtbar. Er überredet Albewin, ihm zu helfen, das Ungeheuer zu töten, jedoch warnt ihn dieser vor einem Kampf mit Vulgan. Am Ende lässt sich Albewin aber doch überzeugen.

Albewin und seine Genossen laufen zur Höhle und treffen Vulgan dort vor der Steinwand an; sein Körper ist durch eine harte, blaue, rot getupfte Fischhaut geschützt. Sein Kopf ist mit sehr starker Hornhaut überzogen; dazu trägt er einen Stahlkolben. Der Schild mit dem Haupt, das alles tötet, schaut zu Boden. Das Monster geht zum Strand, um dort Beute zu machen, und läßt den Schild vor der Höhle zurück, weil es sich sicher ist, dass sowieso niemand vorbeikommen würde. Die Zwerge mit ihren Tarnkappen verstecken den Schild inzwischen im Wald und geben Garel Bescheid, daß er angreifen könne. Dieser wappnet sich für den Kampf; Laudamie macht sich Sorgen um ihn, er stellt sich jedoch trotzdem dem Kampf.

Er trifft Vulgan an, der seinen Schild sucht, ihn aber nicht findet; er tobt und schreit. Der Kampf beginnt: Das Monster rennt gegen den Helden mit dem Kolben an, doch Garel sticht ihm mit seinem Speer mitten ins Herz; der Speer kann jedoch die Fischhaut nicht durchdringen – der Schaft zersplittert –, Vulgan strauchelt. Garel versucht, ihn mit seinem Schwert, das Stahl, Eisen und Horn zerschneidet, wenigstens ein bißchen zu verletzen; die Fischhaut jedoch vermag er nicht zu durchdringen. Vulgan hingegen schlägt Garels Schild in Stücke und bringt das Pferd zu Fall.

Der Ritter springt vom Pferd und weicht den unbarmherzigen Schlägen Vulgans aus, kommt dadurch aber selber nicht mehr zum Schlagen und wird gegen die Steinwand getrieben. Die Situation wird brenzlig; da merkt Garel, daß die Arme und Hände des Ungeheuers nicht von Fischhaut bedeckt sind. Er rückt ihm näher, weicht einem Kolbenschlag aus und während Vulgan zum nächsten Schlag ausholt, haut er ihm die rechte Hand ab. Das Ungeheuer trifft ihn inzwischen jedoch mit der linken Hand; Garel strauchelt, richtet sich aber sofort wieder auf und schlägt ihm auch noch die linke Hand ab.

Vulgan brüllt auf und bringt Garel nach Pferdeart mit Schlägen der Hinterfüße zu Fall, doch auch hiervon erholt sich der Ritter, richtet sich auf und haut dem Ungeheuer auch noch die Hinterbeine und am Ende auch noch das Haupt ab. Vulgan ist nun endgültig tot.

Das Abschlagen der Hände, der Füße und des Hauptes zeigt, daß Vulgan der Gott Tyr in der Wasserunterwelt ist (siehe den Band 3 über „Tyr").

Am Ende des Kampfes treten die Zwerge an Garel heran, und dieser bedankt sich bei ihnen. Albewin wünscht sich die unversehrte Fischhaut für Kursit, Helm und Schild; er kündigt an, das böse Haupt eigenhändig vor der Burg zu verbergen. Garel reitet nach Muntrogin zurück und wird dort von Laudamie aufgenommen und überbringt der Königin die Nachricht vom Tod Vulgans.

Diese kann es zunächst nicht glauben und ist außer sich vor Freude. Am Abend läßt sie ein großes Mahl vorbereiten und verkündet offiziell, daß sie ihr Land, Leute und sich selber Garel übergeben werde. Am nächsten Morgen begibt sich Albewin, nachdem er das böse Haupt des Ungeheuers vor der Burg in einer tiefen Grube verborgen hat, mit seinen Gesellen, unsichtbar durch die Tarnkappen, zu Garel ins Schlafgemach; dieser erzählt ihm dann vom Vorhaben der Königin.

Albewin rät ihm, diesen Antrag anzunehmen, weil er so nach Belieben leben, belehnen und schenken könne. Bei der Beseitigung des bösen Hauptes rät Albewin zur Vorsicht: Es nur zu verbrennen sei zu wenig, stattdessen sollte man es mit Blei übergießen und unverletzt im Meer versenken. Garel stimmt zu. Albewin ist zur Unterstützung angereist. Garel bekleidet sich und geht zunächst zur Messe, dann zum Mahl mit der Königin samt Frauen und Rittern.

Die Königin hält Rat mit ihren Würdenträgern und alle befinden es für gut, Garel zum König zu machen. Es kommen Fürsten, Grafen und Dienstmannen mit der Jungfrau zu Garel in den Palas und beschließen die Ehe. Ein Bischof bestätigt noch einmal die Gültigkeit dieser Ehe; Garel nimmt die Krone, die Königin, das Land und die Leute an. Es folgt ein großes Fest.

Am nächsten Tag werden die Belehnungen der Fürsten, Freien und Dienstmannen mit Würden, Burgen, Ländern durchgeführt. Auch Geschenke wie Gold und Silber werden dargebracht. Nun kommt auch Klaris zur Hochzeit seiner Base und erzählt nur Gutes über Garel. So sind alle mit der Wahl zum König über Anferre einverstanden; das Haupt des Vulgan wird inzwischen im Meer versenkt.

D Meeres-Ungeheuer

23. k) Pfeile-Odd

Der Langbakr ist ein Seeungeheuer – vermutlich ein Meeres-Drache, also ein riesiger Totengeist in der Wasserunterwelt. Sein Name bedeutet „Heide-Rücken" – „Heide" ist eine Umschreibung für das Jenseits. „Heide-Rücken" könnte bedeuten, daß das betreffende Wesen auf seinem Rücken Heide trägt, d.h. wie ein Heidekraut-bewachsenes Hügelgrab aussieht – oder in einem solchen Hügelgrab liegt.

In der Saga über Pfeile-Odd ist dieses Ungeheuer eine Art riesiger Wal, dessen Rücken mit Heidekraut bewachsen ist, sodaß er eine Insel vortäuschen kann. wenn die Seeleute dann auf dieser Insel vermeintlich an Land gegangen sind, taucht das

Ungeheuer unter und die Seeleute ertrinken.

Die Hafgufa ist die „Mutter aller Meeresungeheuer". Sie ist vor allem riesig. Ihr Name setzt sich aus „haf" für „Meer" und aus „gufa" für „Dampf" zusammen und bedeutet somit „Meeres-Dampf". Diese Vorstellung und dieser Name sind sicherlich von dem aufsteigenden Dampf von blasenden, d.h. ausatmenden Walen angeregt worden.

Als Pfeile-Odd und seine Männer durch in Richtung Südwesten durch das Grönland-Meer segelten, wußte der Schiffs-Wächter Vignir, daß diese Gewässer gefährlich waren und überzeugte Odd davon, daß er das Schiff ab dem nächsten Morgen steuern sollte, woraufhin Odd Vignir bat, ihn dabei zu unterstützen.

Als sie segelten, sahen sie zwei Felsen, die aus dem Wasser ragten. Die Anwesenheit dieser zwei Felsen wunderte Odd.

Später fuhren sie an einer großen, mit Heidekraut bedeckten Insel vorüber. Odd, der neugierig geworden war, entschloß sich, zurückzukehren und fünf Männer auszusenden, damit sie die Insel untersuchten.

Doch als sie die Stelle erreicht hatten, an der zuvor die Insel gewesen war, sahen sie, daß sie und die beiden Felsen verschwunden waren.

Vignir erklärte Pfeile-Odd, daß sie, wenn sie früher auf der Insel an Land gegangen wären, die Männer sicherlich ertrunken wären. Die „Felsen" und die „Insel" waren zwei Seeungeheuer gewesen – Lyngbakr, der größte Wal in der ganzen Welt, und Hafgufa, die all die Ungeheuer im Meer geboren hat. Die beiden Felsen sind gewiß die Nase der Hafgufa gewesen und die Insel Lyngbakr.

Ögmund Eythofs-Töter hatte die Ungeheuer herbeigerufen, um Odd und seine Männer zu töten.

E Jenseits-Ungeheuer

23. l) Urka

Dieser germanische Name stammt von dem indogermanischen Verb „arek" für „verschließen" ab und ist eine Bezeichnung für die Grabkammer des Hügelgrabes und für den Totengott – der Totengott schließt die Toten in ihrer Grabkammer bzw. in der Unterwelt ein.

Aus diesem „arek" ist das lateinische Wort „orcus" für „Unterwelt; Gott der Unterwelt", das altnordische „orkn" für eine Robbenart, das altenglische „orc" für „böser

Geist" und das neuenglische „orca" für eine Walart geworden.

Die Benennung einer Robbenart bzw. einer Walart als „Orca" liegt darin begründet, daß die Nordgermanen die Toten in der Wasserunterwelt als Fische bzw. Robben und Wale auffaßten – und den ehemaligen Göttervater Tyr als Wal.

23. m) Skrimal

Dieser Name, mit dem Gespenster und Ungeheuer bezeichnet wurden, leitet sich von dem altnordischen Verb „skrimta" für „glänzen, scheinen" und dem dazugehörigen Substantiv „skrim" für „Schein, Schimmer" ab. Ein „skrimal" könnte also ursprünglich ein hellseherisch wahrgenommener Totengeist gewesen sein – diese „Gespenster" werden weltweit als milchigweiße, neblige oder rauchige Schemen beschrieben.

23. n) Glatunds-hundr

Das Verb „glata" bedeutet „vernichten, zerstören" und das Substantiv „hundr" bedeutet „Hund". Diese Ungeheuer ist also ein alles vernichtender Hund. Er wird ursprünglich der Höllenhund Garm bzw. der „Höllenwolf" Fenrir gewesen sein.

23. o) Vabeida

„Va" bedeutet „Weh, Unglück, Gefahr" und „beida" ist die „Ankündigung" („beida" = „Bote"). Dieses Ungeheuer ist also ein „Unglücksbote".

23. p) Forad

Mit diesem Wort wurden Riesen, Menschenfresser und andere Ungeheuer bezeichnet.

Dieser Name geht auf eine Wortgruppe mit den Bedeutungen „erster, vorn, vorwärts, gehen, überqueren, schwierige Überweg, Gefahr, Kampf, in Sicherheit bringen" u.ä. zurück. Ein Forad ist somit ein gefährliches Wesen, das einem möglicher-

140

weise „vorne auf dem Weg" begegnet oder das als mutiger „Spitzbube" an der Spitze eines Heeres vorangeht.

Dieses Wort wurde auch generell zur Steigerung benutzt – so war ein „forads-vedr" ein „schreckliches Wetter".

Siehe auch „Forat" in Band 35.

23. q) Hjassi

Der Name dieses Ungeheuers leitet sich von dem Adjektiv „höss" für „grau, unfreundlich" ab und bedeutet somit „Unfreundlicher".

23. r) Morkinskinna

Die Wikinger machten sich manchmal auch die Vorstellungen über allerlei Arten von Ungeheuern in ihren Kriegen zunutze.

So wird in dieser Saga die folgende Kriegslist berichtet:

„Wenn unser Ausbruch gut geht, könnte es sein, daß die, auf die wir dann treffen, ziemlich erschrecken und voller Angst sein werden, wenn sie plötzlich Männer aus der Erde hervor und auf sie zu kommen sehen. Wir werden uns auch so kleiden, daß sie erst einmal raten müssen, was wir sind, denn ich glaube, daß es unter ihnen viele Leute geben wird, die an andere Wesen als an Menschen denken werden, wenn sie uns aus der Erde herauskommen sehen."

23. s) Zusammenfassung

Die Ungeheuer in den Liedern und Sagas der Germanen sind aus den früheren mythologischen Vorstellungen entstanden.

Die Ungeheuer setzen sich aus den folgenden Vorstellungen zusammen:

	Mensch	Seelen-vo-gel	Jen-seits-in-sel	Was-ser-unter-welt	Hengst-Opfer	Löwe = Stärke	Wal, Robbe (Tyr in der Wasserunter-welt)	Toten-gott (Tyr)	Ge-spenst	Höl-len-hund	Göttin Hel, Wal-küre
Vogel-kopf-Men-schen	x	x									
Zen-taur	x				x						
Finn-galkn	x	(x)		x	x						
Sker-gripir		x	x								
Gafi		x				x					
Nykr				x	x						
Lyng-bakr				x			x				
Haf-gufa				x			x				
Urka				x			x	x			
Skri-mal									x		
Gla-tunds-hundr										x	
Va-baida											x
Forad											x
Hjassi											x

VII Götter und ihre Tiere

24. Die Tiere der germanischen Götter

24. a) Germanen

In den Mythen sind manche Tiere eng mit bestimmten Gottheiten verbunden. Diese Tiere sind meistens entweder das bevorzugte Opfertier oder das Tier, das den Wagen dieser Gottheit zieht.

Übersicht: Götter und Tiere							
Gott	*Seelen-vogel*	*Opfertier*	*Jenseits-reise-Gestalt*	*Tiere vor dem Wagen*	*Seelen der beiden Zugtiere*	*Stär-ke*	*Krieger*
Tyr	Adler	Stier	Stier, Otter, Lachs, Schlange	2 Pferde, 2 Hirsche (Alcis)	2 Raben		2 Wölfe
Odin	Adler		Schlange	Doppelpferd	2 Raben	Bär	2 Wölfe
Freyr		Eber; selten: Stier	Eber				
Freya		Bache		2 Katzen			
Thor				2 Ziegenböcke		Bär	
Hel				Wolf-Reittier (Fenrir), (Jörmungandr)			
Heimdall		Widder	Widder, Robbe				
Loki		Widder	Widder, Robbe, Lachs				
Reginn		Stier					

Seelenvogel

Der Göttervater (Tyr, Odin) als der stärkste Gott hat logischerweise auch den stärksten Vogel, also den Adler, als Seelenvogel.

Opfertiere für die Götter

Der Stier war das vornehmste Opfertier und findet sich daher bei den Göttervätern Tyr (Thiazi), Freyr und bei Regin, dessen Name eine allgemeine Heiti für „Gott" war.
Der Keiler/Eber bzw. die Bache/Sau als Opfertier findet sich bei Freyr und Freya.
Der Widder scheint das Opfertier für Heimdall gewesen zu sein.

Jenseitsreise-Gestalt der Götter: Opfertiere

In den Bestattungen nahmen die Toten auf magische Weise die Gestalt des für sie geopferten Herdentieres an, damit sie deren Zeugungskraft erhielten, wodurch ihre erfolgreiche Wiederzeugung sichergestellt wurde, ohne die keine Wiedergeburt möglich war (bei den Männern …).
Daher könnte Tyr als Stier, Freyr als Keiler/Eber und Heimdall als Widder angesehen worden sein. Freya wurde bei der Vereinigung mit dem Eber-Freyr zur Bache.

Jenseitsreise-Gestalt der Götter: Toten-Symbole

Die Gestalt einer Schlange, die Odin bei seiner Reise in das Hügelgrab der Gunnlöd annimmt, ist schon in der späten Altsteinzeit dadurch entstanden, daß diese auf der Erde lebenden Tiere mit den in der Erde bestatteten Toten assoziiert wurden.
Die Unterwelt ist in früher Zeit ein Wasserjenseits gewesen ist: Die Sonne versinkt bei ihrem abendlichen Tod im Meer. Daher konnte die Schlangen-Symbolik auf Wassertiere wie den Lachs (Loki) und die Robbe (Heimdall, Loki) ausgeweitet werden.
Im Jenseits waren die Menschen nur noch Seelenvögel ohne einen materiellen Leib. Diese Symbolik wurde ebenfalls schon einige tausend Jahre v.Chr. auch auf die Insekten ausgeweitet und findet sich auch bei den Germanen: Loki als Fliege oder Mücke.

Die Zugtiere vor dem Wagen der Gottheiten

Das Pferd ist das tatsächliche Zugtier vor den Streitwagen der Indogermanen gewesen. Es findet sich als zwei Zugtiere vor dem Sonnenwagen, der mit dem Wagen des Tyr identisch gewesen sein wird, und zu einem achtbeinigen „Doppelpferd" vereint in den Mythen des Odin, der ein Reiter und kein Streitwagenfahrer war.

Wie die beiden Alcis („Hirsche") zeigen, hat es vermutlich auch die Variante gegeben, daß der Wagen des Göttervaters von zwei Hirschen gezogen wurde. Im Kult der Kelten wurden die Ritualwagen z.T. von Hirschen gezogen (siehe „Alcis" in Band 12).

Die beiden Ziegenböcke vor dem Wagen des Thor werden ursprünglich die Opfertiere für ihn gewesen sein, die dann an die Stelle der Pferde traten.

Die beiden Katzen vor dem Streitwagen der Freya gehen letztlich auf die Löwen oder Panther vor dem Wagen bzw. neben dem Thron der Großen Göttin in Mesopotamien zurück.

Der Wolf ist vermutlich nur durch dessen Auffassung als Jenseitsbegleiter bzw. als Todesbringer mit der Jenseitsgöttin assoziiert worden und dadurch zum Reittier der Hel geworden.

Die Seelenvögel der Alcis

Der ehemalige Sonnengott-Göttervater Tyr wurde von seinen beiden Söhnen, die die Gestalt von Jünglingen und von zwei Schimmeln („Alcis") haben können, begleitet. Wenn der Göttervater ins Jenseits ging und dort zum Seelenvogel wurde, wurden auch seine beiden Söhne dort zu Seelenvögel: die beiden Raben des Odin. Sehr wahrscheinlich hat es sie auch schon in den Mythen des ursprünglichen germanischen Göttervaters Tyr gegeben.

Die Stärke der Götter

Der Bär ist ein Symbol für die Stärke des Odin und sekundär auch des Thor.

Wolfs-Krieger

Als Krieger konnten die beiden Söhne des Göttervaters auch als Wölfe („Ulfhedinn") dargestellt werden. Dies ist der Ursprung der beiden Wölfe des Odin, die es wie die Seelen-Raben dieser beiden Göttervater-Söhne (Alcis) auch schon in den Mythen des Tyr gegeben haben wird.

24. b) Zusammenfassung: Germanen

Mit den germanischen Gottheiten wurden auf sieben verschiedene Weisen Tiere assoziiert:

Seelenvogel	Adler	Tyr, Odin
Opfertiere	Stier	Tyr, selten auch Freyr
	(Wild-)Schwein	Freyr, Freya
	Widder	Heimdall, Loki
Jenseitsreise-Gestalt	Stier	Tyr
	Keiler/Eber	Freyr
	Widder	Heimdall
	Wal	Tyr
	Robbe	Heimdall, Loki
	Schlange	Odin, Tyr
	Otter	Tyr, Loki
	Lachs	Tyr, Loki
Zugtiere, Reittier	Pferde	Tyr, Odin
	Hirsche	Tyr
	Ziegenböcke	Thor
	Katzen	Freya
	Wolf	Hel
Seelenvögel der Zugtiere	Raben	Alcis (Söhne des Tyr/Odin)
Symbol der Stärke	Bär	Odin, selten auch Thor
Zugtiere = Krieger	Wölfe	Alcis = Odins Wölfe

24. c) Indogermanen

Einige Götter-Tiere wie der Adler „Garuda" des Vishnu oder die Eulen der Athene sind recht gut bekannt, während die meisten Tiere der Götter bei den Indogermanen eine recht untergeordnete Rolle spielen.

Im Folgenden sind nur die Tiere angeführt, bei denen ein Zusammenhang mit den germanischen Göttertieren erkennbar ist.

Adler

Der Adler ist ganz allgemein der Seelenvogel des indogermanischen Sonnengott-Göttervaters. Er findet sich bei dem germanischen Tyr und auch bei Odin, bei dem keltischen Dagda, bei dem römischen Jupiter, bei dem slawischen Perun, bei dem griechischen Zeus, bei dem indischen Vishnu („Garuda"), bei dem persischen Ahura Mazda und bei dem hethitischen Shiun. Der Adler hat vermutlich auch bei den Skythen, den Mitanni, den Armeniern, den Thrakern und bei den Tocharern dieselbe Bedeutung gehabt, was sich jedoch nicht sicher nachweisen läßt.

Rabe/Krähe

Die schwarzen Vögel sind auch die Tiere der keltischen Kriegsgöttinnen (Cerridwen u.a.). Die Auffassung des Raben bzw. der Krähe als Seelenvogel sowie die Weiterentwicklung dieses Motivs zur todbringenden Rabengöttin bzw. Walküre ist eine Sonderentwicklung bei den Germanen und Kelten.

Möglicherweise geht dieses Motiv wie die anderen Motive, die sich nur bei diesen beiden indogermanischen Völkern finden, auf die Mythen des Megalithkultur-Volkes zurück, das vor den Indogermanen in Westeuropa gelebt hat.

Stier

Der Stier war bei den Kelten das wichtigste Opfertier und spielt auch in dem irischen Nationalepos „Der Rinderraub von Cuailgne" eine zentrale Rolle, in dem er sehr wahrscheinlich zu dem Sonnengott Lugh gehört.

In den Mythen der Slawen rauben sich der Donnergott Perun und die Unterweltschlange Veles gegenseitig die Frau, die Rinder und das Wasser.

Dieselbe Mythe findet sich bei den Indern, bei denen der Donnergott Indra und die Riesenschlange Vala (Vritra) gegeneinander um das Wasser und die Rinder kämpfen.

Bei den Persern ist der Stier in den Mithras-Mysterien das Opfertier des Sonnengottes. Auf Kreta erscheint der in einen Stier verwandelte Göttervater als der Minotaurus.

Aus den griechischen Mythen ist vor allem die Verwandlung des Göttervaters Zeus während seiner Entführung der Europa gut bekannt.

Der Stier ist bei den Indogermanen generell das Opfertier des Sonnengott-Göttervaters, der im Jenseits bei seiner Wiederzeugung die Gestalt dieses Stieres annimmt, wenn er sich mit der Kuh-gestaltigen Göttin vereint, um dann anschließend von ihr wiedergeboren zu werden.

Pferd

Bei den Kelten konnten einige Göttinnen als Stute erscheinen.

Im altindischen Krönungsritual nahm der angehende König die Gestalt eines Hengstes an.

Bei den Griechen vereinen sich Demeter und Poseidon in der Gestalt einer Stute und eines Hengstes.

Hirsch

Der Hirsch war bei den Kelten die Jenseitsreise-Gestalt des Schamanen, der in früherer Zeit als Cernunnos und später dann als Merlin erscheint.

In den Mythen der Slawen erscheint der Gott Porewit, der ein Hirschgeweih trägt und offenbar wie der keltische Cernunnos ursprünglich ein Schamane gewesen ist.

Der hethitische Hirschgott hieß Lullayamma und war eine Schutzgottheit.

Lullayamma ist nah mit dem luwischen Runtiya verwandt, der auch Kurunter genannt wurde.

Bei den Griechen erscheint der Hirsch vor allem als Tier der Göttin Artemis.

(Wild-)Schwein

Es finden sich vereinzelte Wildschwein-Mythen bei den Kelten (Twrch Twyth), bei den Griechen (Erymanthischer Eber u.a.) und bei den Indern (Eber-Inkarnation des Vishnu: Varaha), aber die Wildschweine sind von deutlich geringerer Bedeutung gewesen als der Stier.

Widder

Der Widder ist vor allem von den Griechen als das Goldene Vlies und als der Widder der Medea, den diese tötet und wieder zum Leben erweckt, bekannt. Er wurde bei den Kelten als Fruchtbarkeits-bringendes Tier angesehen.

Da die Schafzucht einer der Grundpfeiler der ursprünglichen indogermanischen Lebensweise gewesen ist, ist anzunehmen, daß die Widder-Symbolik schon recht alt ist – auch wenn sie wie die Schweine-Symbolik eher im Hintergrund steht.

Ziegenbock

Die Ziege war das Opfertier der armen Leute und fand daher kaum Eingang in die Mythen. Lediglich bei den Griechen finden sich Pan und die Faune, die ursprünglich die halb in Ziegenböcke verwandelten Toten gewesen sind. Bei den Indern fährt der Gott Pushan wie der germanische Thor in einem von zwei Ziegen gezogenen Streitwagen.

Robbe

Falls die Vorstellung über den Selkie-Geist auf den Orkney-Insel nicht von den Wikingern abstammen, könnten auch die Kelten eine Robben-Symbolik gehabt haben.

Schlange

Bei den Kelten kämpft der Donnergott Smertrios genauso mit der Riesenschlange Vala wie bei den Germanen Thor mit Jörmungandr und bei den Slawen Perun mit Veles.

Zeus wird von der Schlange Typhon in die Unterwelt entführt, während über Indra vor allem dessen Sieg über Vala (Vritra) berichtet wird.

Weitere Riesenschlange sind bei den Griechen Hydra, Ophion und Python, bei den Hethitern Illuyanka, bei den Indern Shesha und Kundalini, und bei den Persern Ahzi.

Lachs

Der Lachs ist als Tier des keltischen Sonnengott-Göttervaters Dagda bekannt.

Wolf

Der Wolf ist bei den Indogermanen als Symbol der Krieger weit verbreitet, aber er ist nie selber zu einer Gottheit geworden – mit Ausnahme des Fenrir, der Tyrs Wolfs-krieger-Gestalt gewesen ist. Der Wolf ist auch nirgendwo enger mit einer Gottheit assoziiert worden.

Bär

Der Bär als Großraubtier ist bei den Indogermanen auf Nordeuropa beschränkt und hat nur bei den Germanen und bei den Kelten eine größere Bedeutung.
Zu einer Gottheit ist er lediglich bei den Kelten geworden (Artio, Matunnos).

Katze

Die Katzen der Freya sind eine späte Variante der Löwen vor dem Wagen der Göttinnen Artemis und Cybele, die auf die beiden Panther der jungsteinzeitlichen Muttergöttin in Mesopotamien zurückgehen.

24. d) Zusammenfassung: Indogermanen

Bei den Indogermanen findet sich dieselbe auf die Götter bezogene Tier-Symbolik wie bei den Germanen:

Funktion	Tier	Volk							
		Germanen	*Kelten*	*Römer*	*Slawen*	*Hethiter*	*Perser*	*Inder*	*Griechen*
Seelen-vogel	Adler	Tyr, Odin	Dagda	Jupiter	Perun	Shiun	Ahura Mazda	Vishnu	Zeus
Opfer-tiere	Stier	Tyr, selten auch Freyr	Lugh		Perun		Mithras	Indra	Zeus
	(Wild-) Schwein	Freyr, Freya	Twrch Twyth					Varaha	Eryman-thischer Eber
	Widder	Heimdall	Gol-denes Vlies						

Funktion	Tier	Volk							
		Germanen	*Kelten*	*Römer*	*Slawen*	*Hethiter*	*Perser*	*Inder*	*Griechen*
Jenseits-reise-Gestalt	Stier	Tyr					Mithras		Zeus
	Keiler/Eber	Freyr	Twrch Twyth					Varaha	Eryman-thischer Eber
	Widder	Heimdall	Gol-denes Vlies						
	Wal	Tyr							
	Robbe	Heimdall, Loki	Selkie (?)						
	Otter	Tyr, Loki	Sonnen-gott?				Sonnen-gott?		Sonnen-gott?
	Schlan-ge	Odin, Tyr	Vala		Veles	Illu-yanka	Ahzi	Vala, Vritra	Typhon
	Lachs	Tyr, Loki	Dagda						
Zugtiere, Reittier	Pferde	Tyr, Odin	Göttin					Krö-nung	
	Hirsche	Tyr	Cernun-nos, Merlin		Pore-wit	Lulla-yamma			Tier der Artemis
	Ziegen-böcke	Thor							Pan, Faune
	Katzen	Freya				(Cybele)			Artemis
	Wolf	Hel							
Seelen der Zugtiere	Raben	Alcis (Söh-ne des Tyr/Odin)							
Symbol der Stärke	Bär	Odin, selten auch Thor	Artio, Matun-nos						
Zugtiere = Krieger	Wölfe	Alcis = Odins Wölfe	Pferde-Zwil-linge	Kastor und Pollux	Ashven iai	zwei Pferde	zwei Pferde	Ash-vins	Dios-kuren

151

VIII Krafttiere

Von den Tieren, die in der germanischen Mythologie vorkommen, sind mir durch meine Traumreisen mit anderen Menschen die folgenden Tiere persönlich als Krafttiere eines konkreten Menschen bekannt:

> Hirsch, Pferd, Wildschwein, Stier, Ziege, Hase, Biber, Katze, Wolf, Bär, Wal, Orca, Seehund, Schwan, Rabe, Adler, Falke, Vogel, Zentaur, Drache, Kröte und Schlange.

Für Menschen mit diesen Krafttieren könnten auch die Mythen der Germanen evtl. von Bedeutung sein.

Weitere mir persönlich bekannte Krafttiere, die jedoch nicht in den germanischen Mythen vorkommen, sind:

> Reh, Giraffe, Antilope, Büffel, Ratte, Elefant, Igel, Panther, Löwe, Tiger, Säbelzahntiger, Hund, Delphin, Ibis, Storch, Möwe, Pinguin, Krähe, Hühnerküken, Papagei, Eulen, blauer Vogel, Faun, Leviathan, geflügeltes Einhorn, Pegasus, Phönix, Schmetterling, Libelle, Biene, Marienkäfer, Schildkröte, Frosch, Krokodil, Piranha und Stör.

Siehe zu diesem Thema evtl. auch mein Buch „Krafttiere – Tiergöttinnen – Tiertänze".

Verzeichnis der Themen

(die Zahl ist die Nummer des Bandes, in dem sich das Thema findet)

1 47	540 47	Alius 32	Aur 55
2 47	700 47	Alraune 45	Aurboda 35
3 47	800 47	Alsvatr 5	Aurgelmir 5
4 47	900 47	Alswid 34	Aurgrimnir 5
5 47	1.200 47	Althiof 7	Aurnir 34
6 47	10.000 47	Alvor 35	Aurvandil 20
7 47	432.000 47	Alwis 7	Aurwang 7
8 47	1+8=9=8+1 47	Alwit 31	Aurwang 48
9 47	**Adler** 40	Ama 35	Austri 32
10 47	Adler auf dem	Amboß 67	Auzon => Kiste
11 47	Weltenbaum 41	Amgerdr 28	Axt 66
12 47	Adler bei der	Ampfer 45	**Bafur** 32
13 47	Einweihung 40	Andad 34	Bakrauf 35
14 47	Adlergestalt:	Andhrimnir 39	Baldrian 45
15 47	- des Franmar 40	Andvari 7	Baldur 9
16 47	- des Hraesvelgr 40	Angantyr 39	Bara 35
17 47	- des Odin 40	Angeyja 35	Bari 6
18 47	- des Thiazi 40	Angrboda 26	Bari 20
20 47	Adler-Traum der	Ann 32	Baugi 5
22 47	Kostbera 40	Annar 20	Bär 43
23 47	Aelrun 31	Arm-Wunde 63	Bärenfell 62
24 47	Affe 44	Arngrim 6	Barke 49
28 47	Agdai 39	Apfel 45	Bärlapp 45
30 47	Ägir 10	Asen 36	Basilikum 45
32 47	Agnar 39	Asgard 52	Beifuß 45
33 47	Ahnen 36	Ask 39	Beinvidr 34
36 47	Ai 32	Aslaug 31	Bekkhild 31
37 47	Aki 6	Asperan 34	Beleidigungs-
40 47	Aki 16	Astralreise 50	Wettstreit 73
41 47	Alban 32	Asvid 6	Beli 5
46 47	Alberich 7	Atem 64	Beowulf 39
48 47	Albewin 7	Atla 35	Bergdis 28
72 47	Alcis 12	Atli 37	Bergelmir 6
80 47	Alf 6	Atward 20	Bergriese 6
90 47	Alf 32	Auchoff 34	Berg-Zwerge 32
99 47	Alfarin 34	Aud 20	Berling 32
100 47	Alfen 36	Auerhahn 40	Bertha 28
120 47	Alfhild 31	Auge 63	Berserker 62
300 47	Alfrigg 32	Augenbraue 63	Bertram 45

Bertramsgarbe 45
Besen => Stab
besonderer Schrei 64
Bestattung 64
Bestla 35
Betonica 45
Beyla 39
Biber 44
Biene 40
Bifröst 49
Bifur 32
Bikki 16
Bil 29
Bild 7
Billing 5
Billing 7
Bilsenkraut 45
Birkhuhn 40
Biört 29
Björgolfr 6
Björgulfr 34
Blain 33
Blapthvari 34
Blasebalg 67
blau 46
Blau-Menschen 36
Blau-Riesen 36
blau-schwarz 46
Blick 63
Blid 29
Blidur 29
Blind 16
Blindheit 63
Blodughadda 35
Blutsbrüder 55
Bödhild 28
Bogen 66
Bömbur 32
Bölthorn 5
Borr 34
Botewart 7
Both 20

Bragi 19
Bragi-Riesin 35
Brak 16
Brana 35
Brandingi 5
braun 46
Brenner 39
Brezel-Ornament 64
Brimir 33
Brisingamen 60
Brokk 32
Brombeere 45
Brücke 49
Bruderkampf 55
Brüngerd 35
Brünhild 31
Bruni 5
Bruni 32
Brünne 66
Brunnen 49
Buri 34
Bryja 35
Bryla 34
Bryngerd 28
Buri (Zwerg) 32
Buseyra 35
Byggvir 39
Byleist 20
Bylgia 35
Comandion 7
Dag 48
Dagfinnr 32
Dain 32
Dalar 32
Dalr 32
Delling 20
Delling 48
Dellingr 32
Delphin 44
Dietwarta 29
Disen 36
Distel 45

Diurnir 7
Dofri 34
Dolgtrasir 32
Donnerrebe 45
Dori 32
Dorn => Schlafdorn 55
Drachen 41
Drachenblut => Drachen
Drachenschiff 55
Drasian 6
Draupnir (Zwerg) 32
dreifarbiger Stein 67
dreiköpfiger Riese 5
drei Riesinnen 35
drei wahre Worte 64
Drifa 35
dritter Bruder 55
Dröfn 35
Drossel 40
Drudgelmir 5
Duf 32
Dufa 35
Dufr 32
Dulin 32
Dumbr 6
Dunneir 32
Durathor 32
Durin 32
Durnir 32
Durnir 34
Düsterwald 49
Dwalin 32
Eber 42
Eberesche 45
Edda (vollständig) 77
Efeu 45
Egdir 5
Egil 39
Ei 40
Eibe 45

Eiche 53
Eicheln 45
Eichhörnchen 44
Eid 68
Eik 28
Eikinskjaldi 32
Eimer 67
Eimgeitir 35
Eimyria 35
Einäugigkeit 63
Einheer 34
Einweihung 50
Eir 29
Eir 31
Eis 52
Eisa 35
Eisen 55
Eisenkraut 45
Eisriesen 34
Eistla 35
Eisurfala 35
Eiymyria 35
Ekstase-Kieger 62
Elch 42
Eldhrimnir 57
Eldir 39
Eldr 34
Elefant 42
Elendshaut => Hel-Haut
Else 35
Erde 52
Embla 28
Embla 39
Ente 40
Erce 20
Erdbeben 55
Erste Ursache 55
Eschenholzkasten => Kiste 57
Esel 42
Estroval 39

Eugel 7
Eule 40
Eyrgjafa 35
Faden 55
Fafnir (Zwerg) 32
Fährmann 49
Fala 35
Falkenkleid:
- der Freya 40
- der Frigg 40
Falke 40
Fallar 32
Farbauti 6
Farn 45
Farseti 6
Faulheit =>
Feuersitzen 55
Feima 35
Fenchel 45
Fenja 28
Fenrir 6
Fenrir 43
Fernhypnose 64
Ferse 63
Fessel 66
Fessel-Zauber 64
Feuer 55
Feuersitzen 55
Feuerzauber 64
Fialar 32
Fid 32
Fieberkraut 45
Fili 32
Fimafeng 39
Fimbulwinter 55
Finger 63
Finnalf 5
Finnar 32
Finnmark-Riese 34
Fiölkald 34
Fiölmor 39
Fiölnir 20

Fiölvör 35
Fiörgyn 20
Fiörgyn 23
Fisch 44
Fjölverkr 34
Fjötra 29
Flachs 45
Flegda 35
Fleur-de-lys 55
Fleggr 34
Fliege 40
Fluch 68
Flügel des Wieland 40
Flügelschuhe 67
Flugschuhe des Loki 40
Fluß 49
Freya 22
frühe Skaldenlieder 78
Freyr 15
Fried 29
Friedenszauber 6
Fridr 29
Frigg 21
Folde 20
Fonn 34
Forat 35
Forelle 44
Fornjotr 6
Forseti 19
Frägr 32
Franmar 37
Frar 32
Freki 43
Frosti 32
Frosti 34
Fruchtbarkeit 64
Fuchs 43
Frauenhaarfarn 45
Frühling 54

Frühlingstagund-nachtgleiche 54
Fulla 29
Fullas Haarreif 60
Fullafle 34
Fundin 32
Fuß 63
Fylgia 50
Fynir 6
Fynir 34
Galar 32
Galarr 34
Galdr 64
Gallapfel 45
Gandalf 32
Ganglati 34
Ganglot 6
Gangr 34
Gangr 33
Gans 40
Gänsefuß 45
Garm 43
Gautan 39
Gautrek-Saga => Snotra
Geban 20
Geburts-Orakel 64
Gefäße 57
Gefion 20
Gefion-Geliebter 6
Gefiun 20
Gefjon 20
Geist 50
Geier 40
Geirahöd 31
Geiravör 31
Geirdriful 31
Geirönul 31
Geirröd 5
Geirrota 31
Geirskögul 31
Geitir 6

Geitla 35
Geitir 35
gelb 46
Geliebter der Gefion 6
Gerber-Schaber 67
Gerdr 28
Geri 43
Gespenst 50
Gestaltwandel => Verwandlung
Gesang 68
Gestilja 35
Getreide 45
Gewöhnlicher Flachbärlapp 45
Geysa 35
Gialar 32
Gift 70
Gifur 43
Gigas 6
Gilling 6
Gillings Frau 28
Ginnar 32
Ginnungagap 49
Gjalp 35
Glamr 34
Glatundshundr 43
Glaumar 34
Glaumarr 34
Glaumr 6
Glenr 48
Glitni 5
Glöd 35
Gloi 32
Glück 64
Glückstrank 70
Glumra 35
Glymra 35
Gna 29
Gneip 35
Gnepja 35

Goi 34
Gold 55
Goldalter 55
Goldemar 7
golden 46
Goldhelm 66
Goldhörner von
Gallehus 57
Göll 31
Golnir 5
Göndul 31
Gorr 34
Görsemi 29
Götter 36
Götterdämmerung 55
Götterkampf 55
Göttermet 69
Götter-Tiere 44
Gottesurteil 64
Gurgelbiß 55
Grab 49
Grani 6
grau 46
Grendel 5
Grendels Mutter 35
Greppur 34
Grer 32
Grid 28
Grid 35
Grim 5
Grim 39
Grima 35
Grimhild 31
Grimling 5
Grimnir 5
Grim Struppig-Wange
79
Grip 35
Gripir 34
Grissa 35
Groa 28
Grottintanna 35

Grotunagard 52
grün 46
Gryla 35
Gudr 31
Gudrun 31
Gudmund 5
Gullnir 5
Gullveig 29
Guma 35
Gundelrebe 45
Gunn 31
Gunnlöd 28
Gunnthinga 31
Gürtel 60
Gusir 6
Gygr 35
Gylfaginning 77
Gyllir 5
Gyllir 34
Gyma 20
Gymir 5
Haarband 60
Haare 63
Habicht 40
Hafle 34
Hafli 5
Hafthi 39
Hagen 16
Hahn 40
Hala 35
Halfdan 39
Halfdan Brana-
Ziehsohn 79
Halfdan Eisteinson 79
Hamdir 39
Hamingja 50
Hammer 66
Hand 63
Handschuhe 60
Hanf 45
Hannar 32
Hantel-Symbol 55

Har 32
Hära 35
Hardbeen 6
Hardgreip 35
Hardgreipir 34
Hardverkr 34
Harek Eisenkopf 6
Harfe 57
Harz 45
Hase 44
Hasel 45
Hastingi 34
Hati 5
Hati 43
Hattatal 77
Haudr 20
Haugspori 32
Haym 34
Hecht 44
Hedin 39
Hedin und Högni 79
Hefring 35
Heid 35
Heiddraupnir 5
Heide 49
Heidrek 39
Heidungi 6
Heilige Hochzeit =>
Wiederzeugung 55
Heiliger Hain =
Weltenbaum 52
Heilung 64
Heilziest 45
Heimdall 8
Heimir 39
Heinir 34
Heith 35
Heithdraupnir 5
Hel 26
Helblindi 20
Helgi 39
Helgi Thorisson 79

Hel-Haut 49
Helidi 27
Hellebarde 66
Helreginn 5
Helm 66
Hengikefta 35
Hengiköpt 6
Hengjankapta 35
Hepti 32
Herbst 54
Herbsttagundnacht-
gleiche 54
Herche 20
Herdentiere 42
Herdentierfell 42
Herfjötur 31
Hergrim Halbtroll 5
Hergunnur 35
Heri 32
Herja 31
Herkir 6
Herkja 35
Hermodr 37
Hertha 28
Hervor => Heidrek
Hervor und Heidrek
=> Heidrek
Herz 63
Hexe 58
Hianka 31
Hidde 34
Hild 31
Hildolf 5
Hildolf 20
Himingläva 35
Himmel 52
Himmelsrichtungs-
Mandala 54
Himmelsträger-
Zwerge 32
Hirsch 42
Hjaltrimul 31

Hjortrimul 31
Hjötra 28
Hjuki 29
Hläwang 32
Hlebard 6
Hleidr 35
Hler 10
Hlidolf 32
Hlif 29
Hlifthursa 29
Hlin 29
Hlodyn 20
Hlödyn 20
Hloi 34
Hlöll 31
Hlora 35
Hnoss 29
Hochsitz 57
Hochsitzsäulen 57
Hoddraupnir 5
Hoddrofnir 5
Hödur 19
Hofund 19
Höggstari 32
Högni 16
Högni 39
höhere Mächte 36
Holmgang =>
Zweikampf 55
Holunder 45
Homöopathie 64
Honig 40
Honigtau 45
Hönir 18
Horn 57
Horn (Riesin) 35
Hörn 29
Hörn 35
Horn-Neb 35
Hornbori 32
Hraesvelgr 6
Hrafnhild 35

Hraudnir 6
Hraudungr 5
Hrede 29
Hreidmar 7
Hremsa 35
Hrimgerdr 28
Hrimgerdr 35
Hrimgrimnir 34
Hrimnir 34
Hrim-Riesen 34
Hrimthurs 34
Hringi 5
Hringvölnir 5
Hripstodr 34
Hrist 31
Hrist 29
Hrisungr 6
Hroarr 5
Hrod 35
Hrodwitnir 5
Hrodwitnir 43
Hrökkvir 6
Hrönn 35
Hrossthjofr 34
Hrotti 5
Hruga 28
Hrungnir 5
Hrungnir-Herz 67
Hryggda 35
Hyria 35
Hrym 34
Hrund 31
Hügelgrab 49
Hugin 40
Huhn 40
Huldar 28
Hund 43
Hundalfr 6
Hunding 16
Hvalr 6
Hvedra 35
Hvedrungr 16

Hymir 6
Hymnen an die Götter
80
Hyndla 26
Hypnose 64
Hyrrokkin 26
Idi 34
Idun 25
Igel 44
Illugi Grid-Ziehsohn
79
Ilmr 29
Ima 35
Imd 35
Imgerdr 35
Imr 6
Imsigul 34
Imth 35
In 20
Ingibjörg 29
Ingibiörg 31
Intuition 64
Inzest 51
Irmin 20
Irpa 29
Istwas 20
Itrek 5
Itreksjod 5
Itreksjod 20
Ividja 35
Iwaldi 5
Iwalt 5
Iwiedie 29
Jari 32
Jamtaland-Zwerg 7
Jarngerdr 28
Jarnglumra 35
Jarnhauss 6
Jarnnef 34
Jarnsaxa 28
Jarnvidja 35
Jenseits 49

Jenseitsbarke 49
Jenseitsberge 49
Jenseitsbrücke 49
Jenseitsfährmann 49
Jenseitsfluß 49
Jenseitsgrenzen-
Landkarte 49
Jenseitshalle 49
Jenseitsinsel 49
Jenseitsleiter 49
Jenseitsmauer 49
Jenseitsreise 49
Jenseitstor 49
Jenseitstor-Gitter 49
Jenseitstor-Hund 49
Jenseitswächter 49
Jenseitswald 49
Jenseitswasser =>
Wasser 49
Jenseitsweg 49
Johanniskraut 45
Jokul 34
Jokul Eisenrücken 34
Jörd 23
Jomali 20
Jörmungandr 41
Jörmunrek 39
Jorunn 29
Jötunn 6
Jotunbjorn 6
Julnacht 54
Käfer 40
Kaldgrani 34
Kamille 45
Kampfmagie 64
Kannibalismus 55
Kara 31
Karabin 34
Kari 6
Katze 43
Kausalität 55
Keila 34

Keiler 42	**Lachanfall** 64	Luchs 43	Miötwitnir 32
Kenningar 75	Lachen 55	Lutr 34	Mjoll 34
Kerbel 45	Lachs 44	Lyngheid 35	Modgudr 29
Kessel 57	Landgeister 36	**Magni** 19	Modgudr 31
Keule 66	Lauch 45	Malseron 34	Modi 19
Kiebitz 40	Laufey 26	Mana 35	Modrädnir 32
Kili 32	Laurin 7	Managarm 43	Modsognir 7
Kisi 34	Laus 40	Mannus 20	Mögthrasir 6
Kiste 57	Leber 63	Mardalla 27	Moin 32
Kjallandi 6	Leib 63	Marder 43	Mökkurkjalfi 6
Kjallandi 35	Leidi 34	Margerdr 35	Molda 35
Klaufi 34	Leifi 6	Margerthur 35	Mona 20
Klee 45	Leifnir 6	Mangold 45	Mond 48
Kleima 35	Leikn 35	Mantel 67	Mondul 32
Knochen 67	Leimrute 66	Mantel der Nanna 67	Moosfrau von
Knoten 64	Leiter 49	Marnar 29	Saalfeld 32
Kobolde 36	Leirvör 35	Märzviole 45	Moosleute von
Kol der Bucklige 39	Leopard 43	Maske => Helm	Arntschgereute 32
Kolfrosta 28	Lerche 40	Maus 44	Mörn 35
Kolga 35	Lidskialf 20	Meer 49	Möwe 40
Kopf 63	Liebestrank 70	Meer der Zeit 55	Mühle 66
Kormoran 40	Liebeszauber 64	Meer-Menschen 36	Mundilfari 6
Korn 45	Lif 39	Mehlbeere 45	Munin 40
Körperteile 65	Lifthrasir 39	Mehltau 45	Munnharpa 35
Köttr 34	Litr 6	Meili 9	Münze 67
Kraftgütel => Gürtel	Litr 32	Meise 40	Muspel 6
Krähe 40	Ljod 29	Menglöd 22	Muspelheim =>
Kraka 31	Ljota 35	Menja 28	Feuer 52
Kranich 40	Lodin 6	Menschenopfer 64	Myrkrida 35
Kräuter 45	Lodinfingra 35	Messer 66	Myrkvid 49
Kreppvör 35	Lodur 16	Midgard 52	**Nabbi** 32
Kriegerin 62	Lofar 7	Midgardschlange 41	Nacktheit 60
Kreuzblume 45	Lofn 29	Midi 6	Nadel 55
Kreuzkraut 45	Lofnheid 35	Midjungr 34	Nägel 55
Krönung 64	Logi 34	Midwitnir 6	Naglfar 49
Kröte 44	Loki 16	Mimir 6	Nain 32
Kuckuck 40	Loni 32	Mist 31	Nali 32
Kuril 6	Lopthoena 28	Mistel 45	Namensgebung 64
Kult 55	Lori 35	Mistkäfer 40	Nanna 21
Kundalini 64	Loricus 6	Mittelpfeiler =>	Nauma (Hel) 35
Kwasir 20	Löwe 43	Yggdrasil	Nar 32
Kyrmir 6	Löwenmäulchen 45	Mittsommer 54	Narfi 6

Nari Loki-Sohn 19
Nati 6
Naudir 36
Nebel 64
Nefia 35
Nehalennia 29
Neri 30
Neris Schwester 30
Nerthus 28
Nepr 20
Nessel 45
Netz 67
Neuentstehung aus
den Knochen 55
neun Heimdall-
Mütter 35
neun Schwestern 35
Niblung 7
Niblung 39
Nicor 34
Nid 64
Nidi 32
Nidr 28
Nidud 16
Nieswurz 45
Niflheim => Eis 52
Niping 32
Nirdir 10
Niola 48
Njola 48
Njörd 10
Njörun 29
Nölvi 10
Norden 54
Nordosten 54
Nordri 32
Nordwesten 54
Nori 32
Nornen 30
Norr 34
Norr 48
Nott 48

Nyi 32
Nyr 32
Nyrad 32
Oddrun 31
Odin 13/14
Odr 20
Ofoti 5
Öflugbarda 35
Öflugbardi 6
Ogautan 39
Ogladnir 6
Ogn 35
Ohr 63
Oin 7
Olius 32
Ölwaldi 5
Omen 71
Onarr 48
Öndudr 6
Onn 32
Opfer 64
Orakel 71
Oregano 45
Ori 32
Örnir 6
Ortnit 34
Ösgrui 5
Öskrudr 34
Ostara 29
Osten 54
Otr 32
Otter 44
Otunfaxe 39
Penis 55
Perchta 28
persönliches Glück 64
Pfeil 66
Pferd 42
Pferdezwillinge 12
Pflug 67
Phol 9
Polygamie 55

Priester 60
Priesterin 58
Prolog (Edda) 77
Prophezeiung 71
Pukis 36
Rabe 40
Rad 67
Radgrid 31
Radvör 35
Ragnar Lodenhose 39
Ragnarök 55
Ran 27
Randalin 31
Randgnid 31
Randgrid 31
Rangbeinn 5
Rasereitrank 70
Raswid 32
Rätsel 76
Raud 34
Raugnir 34
Raum 6
Reck 32
Regenbogenbrücke
49
Regin 7
Reginleif 31
Reiher 40
Rentier 42
Riesen auf der West-
Insel 6
Riesen-Baumeister 6
Riesen von
Feldkirchen 34
Riesen von
Lichtenberg 35
Rifingalfa 35
Rifingöflu 35
Rigingöflu 35
Rind 42
Rindr 20
Ring 57

Ringkampf 55
Rist 31
Robbe 44
Rögnir 7
Rose 45
Röskva 37
rot 46
rota 31
Rotkehlchen 40
Rücken 63
Rud 35
Rudent 6
Rudi 34
Runa 35
Runen 72
Runenkästchen von
Auzon => Kiste
Runenstein 64
Runenstein von Ardre
64
Rußland-Riese 6
Rütze 35
Rygi 35
Saemdill 6
Saga 28
Sährimnir 42
Säkarsmuli 6
Salbei 45
Salfangr 6
Sam 34
Sämingr 39
Sanngrid 31
Sati 51
Säule => Weltenbaum
52
Saxnot 20
Sceaf 20
Schachtelhalm 45
Schädelschale 63
Schadenszauber 64
Schaf 42
Schafgarbe 45

Schaumkraut 45
Schierling 45
Schild 66
Schlafdorn 55
Schlangen 41
Schlangenauge 63
Schlangengrube 49
Schlangenzunge 63
Schleifstein =>
Wetzstein
Schmetterling 40
Schmied 4
Schmied 55
Schnecke 44
Schneeweiß-
Goldschöne 28
Schuh 63
Schutzgeist =>
Fylgja/Hamingja
Schutzzauber 64
Schwalbe 40
Schwan 40
Schwanenkleider der
Walküren 40
Schweden-Riese 6
Schwein 42
Schwert 66
Schwitzhütte 64
sechsköpfiger Riese 6
Seehund 44
Seekuh 44
Seelenvogel 40
Seelenvogel 50
Segen 68
Seher 60
Seherin 58
Seidelbast 45
Seidr 64
Sel 6
seltsamer dritter
Bruder 55
Sense 67

Siar 32
Sichel => Sense
sieben Schwestern 28
Siegfried 38
Sieglind 31
Siegstein 67
Sif 24
Sigdrifa 31
Sigurd 38
Sigi 39
Sigrlami 39
Sigrun 31
Sigyn 28
silbern 46
Simul 31
Sinmara 28
Sindri 32
Sinthgunt 29
Sivör 35
Sjuld 31
Skadi 20
Skafid 32
Skalden 61
Skaldatal 77
Skaldenlieder 78
Skaldinnen 61
Skalli 34
Skalmöld 31
Skadskaparmal 77
Skärir 5
Skeggiöld 31
Skidbladnir 49
Skimsli 5
Skirnir 37
Skirkjar 35
Skirwir 32
Skjalf 29
Skjalv 34
Skjellinefja 29
Skjöldr 39
Skögul 31
Sköll 43

Skorpion 40
Skrati 34
Skrymir 5
Skrimnir 5
Skuld 30
Slagfid 39
Sleggja 35
Snae 34
Snotra 29
Solbiart 5
Sohn der Freya 19
Sohn des Freyr 19
Solblindi 5
Sölfn 29
Sommer 54
Somr 5
Sonne 48
Sonnengöttin 48
Sonnenhymne 64
sonstige Magie 64
Sörli 39
Spatz 40
Specht 40
Speer 66
Sperber 40
sprechende Tiere 41
Sprichworte 74
Spindel 55
Spinnerin 55
Spiritus familiaris 36
Sprettingr 5
Stab 67
Starkad 6
Starkad 39
Stärketrank 70
Statue 57
Stein 64
Steine und Edelsteine
64
Steinigung 55
Stern 48
Sternbild 48

Sternbild 55
Stigandi 5
Storch 40
Storkvid 34
Stoverkr 34
Strahlen-Breitsame
45
Strudel 49
Struthan 34
Stumi 5
stumm 63
Süden 54
Südosten 54
Sudri 32
Südwesten 54
Surtur 6
Suttung 6
Svada 5
Svadi 5
Svaf 7
Svarangr 5
Svasudr 6
Svatr 6
Sveid 31
Sveipinfalda 35
Svidi 6
Svip 5
Svipul 31
Svivör 31
Swaf 20
Swanhild 31
Swanwit 31
Swawa 31
Swior 32
Swipdag 20
Syn 29
Syr 29
Tafl 57
Tal 52
Tamfana 29
Tarn-Kappe 67
Tarn-Umhang 67

Tasche 60
Tätowierungen 55
Tattoo 60
Tau 52
Taufe 64
Teer 45
Telemark-Riese 5
Telepathie 64
Teller 57
Tempel 56
Teufelsabbiß 45
Thagnar 31
Theck 32
Thialfi 37
Thiazi 5
Thing 73
Thiodwitnir 34
Thistilbardi 34
Thjodrerir 7
Thögn 31
Thökk 35
Thor 17
Thora 28
Thorgerdr Hölgabrudr 29
Thorin 7
Thorir 6
Thorn 5
Thorstein Haus-Macht 79
Thrain 32
Thrasir 6
Thrigeitir 5
Thrivaldi 5
Thröng 29
Thror 7
Thror 20
Thror 32
Thorri 34
Thrud 31
Thrudgelmir 5
Thrudr 29

Thrungva 29
Thrym 6
Thulur 77
Thundr 6
Thundr 29
Thurbiörd 35
Tiere 44
Tiere der Götter 44
Tierfelle 60
Tierfelle bei Hinrichtungen 67
Tor 49
Torfa 35
Tote wiederbeleben 64
Tragestange 67
Trana 35
Traum 71
Traumdeutung 71
Traumfrau 31
Trima 31
Trolle 36
Trona 35
Tuch 57
Tuisto 20
Tuisto 33
Turm 56
Tyr 3
Tyr-Riesen 5
Udr 35
Uffe 39
Ulfhedinn 62
Ulfrun 35
Ullr 11
Umhang ⇒ Mantel 60
Uni 20
Unn 35
Unsichtbarkeit 64
Unsichtbarkeits-Stein 67
Urd 30

Uri 20
Utgard 52
Utgardloki 6
Ungeheur 41
Utiseta 50
Vagnhöftdi 34
Valbrandur 5
Vali Loki-Sohn 19
Valthögn 31
Vandil 5
Vandlir 5
Var 29
Vardrun 28
Vardrun 35
Vardruna 35
Vasad 6
Vatermord 55
Velle 5
Venus 48
Verbene 45
Verdandi 30
Vervielfältigung von Körperteilen 65
Vergessenheitstrank 70
Verirren auf der Hirschjagd 55
Verr 34
Verwandlung:
- einer Frau in einen Mann 65
- einer Frau in eine andere Frau 65
- eines Mannes in eine Frau 65
- in Adler 65
- in Bär 65
- in Drache 65
- in Eber 65
- in Falke 65
- in Fliege 65
- in Floh 65

- in Fuchs 65
- in Geier 65
- in Habicht 65
- in Hecht 65
- in Hirsch 65
- in Hund 65
- in Krähe 65
- in Lachs 65
- in Löwe 65
- in Mücke 65
- in Otter 65
- in Pferd 65
- in Rabe 65
- in Rind 65
- in Robbe 65
- in Schlange 65
- in Schwalbe 65
- in Schwan 65
- in Seekuh 65
- in Spinne 65
- in Tier 65
- in Vogel 65
- in Wal 65
- in Walroß 65
- in Widder 65
- in Wolf 65
- in Ziege 65
- in Ziegenbock 65
Vidblindi 5
Viddi 34
Vidgreipr 34
Vidgymir 5
vier Riesen-Ritter 34
vier Stier-Riesen 34
viertüriges Haus 52
Vifflöd 29
Vignir 34
Vikarr 6
Vilja 20
Vindr 34
Vingnir 6
Vingrip 34

Vipar 34
Vogel 40
Vogelsprache 64
Volkrast 7
Vör 29
Vörnir 34
Vulkan-Riese 34
Waage 64
Waberlohe 49
Wächter 49
Wafthrudnir 6
Wagen 67
Wagnhofde 6
Wal 44
Wälder =>
Weltenbaum 52
Wald-Riesin 35
Wali 19
Wali 32
Walküren 31
Walnuß 45
Walroß 44
Waltam 20
Wandteppich =>
Tempel
Wanen 36
Warkald 6
Warr 20
Wasser 52
We 20
Weberin 55
Wegdrasil 20
Wegerich 45
Wegetritt 45

Wegwarte 45
Weig 32
Weihung => Segen
Weinen 55
weiß 46
Weisheiten 74
Weisheitstrank 70
Weißstern 39
Weltenbaum 53
Weltesche 53
Wespe 40
Westen 54
Westri 32
Wetter 64
Wettlauf 55
Wetttrinken 55
Wetzstein 67
Wichte 36
Widar 19
Widfinnr 5
Wiedergeburt 51
Wiederholungen 55
Wiederzeugung 51
Wieland 4
Wiesel 43
Wig 32
Wigrid 55
Wili 20
Wili (Zwerg) 32
Wind (Magie) 64
Wind 52
Windalf 32
Windloni 6
Windswal 6

Winter 54
Winteranfang 54
Wirwir 32
Witr 32
Witwen-Selbstmord
51
Wolf 43
Wolfsfell 62
Wortschatz Magie 64
Wohlstandszauber 64
Wucherblume 45
Wurzel 45
Wyrd 30
Yggdrasil 53
Ymir 33
Ymis 33
Yngvi 32
Zahlen 47
Zähne 63
Zauberer 59
Zauberin 58
Zaubersprüche 68
Zeh 63
Ziegen 42
Zisa 29
Zunge 63
Zweikampf 73
zweiköpfige Riesen
34
zwei Zwerge 32
Zwerg auf dem
Felsen 32
Zwergberg zu Aachen
32

Zwerge 32
Zwerge:
- im Berg 32
- im Gebirge 32
- Kuttenberg 32
- Untersberg 32
- Blankenburg 32
- Bonikau 32
- Dardesheim 32
- Eilenburg 32
- Elbogen 32
- Glaß 32
- Hohenstein 32
- Heilingsfelsen 32
- Nünberg 32
- Osenberg 32
- Plesse 32
- Rosenberg 32
- Selbitz 32
- Sion 32
Zwerg:
- Gebirge 32
- Kyffhäuser 32
- Hohenstein 32
- Dresden 32
- Hoia 32
- Lützen 32
- Ralligen 32
- Rantzau 32
- Scherfenberg 32
- Thorgau 32
Zwillinge 55

162